Über den Autor

Geboren in Deutschland, studierte Edgar Rothermich Musik an der
Berlin und graduierte 1989 mit einem Master-Abschluss am Klavier und als Tonmeister. Er
arbeitete als Komponist und Musikproduzent in Berlin und zog 1991 nach Los Angeles, wo er
seine Arbeit an zahlreichen Projekten in der Musik- und Filmindustrie fortsetzte ("The
Celestine Prophecy", "Outer Limits", "Babylon 5", "What the Bleep do we know", "Fuel", "Big
Money Rustlas").

In den letzten 20 Jahren hatte Edgar eine erfolgreiche musikalische Partnerschaft mit
Christopher Franke, einem Pionier im Gebiet der elektronischen Musik und
Gründungsmitglied der Gruppe Tangerine Dream. Über diese Zusammenarbeit hinaus
arbeitete Edgar mit anderen Künstlern zusammen, jedoch auch an eigenen Projekten.

In 2010 begann er seine Solo-Aufnahmen der "Why Not ..."-Serie mit verschiedenen Stilen und Genres zu veröffentlichen. Die
aktuellen Releases sind "Why Not Electronica", "Why Not Electronica Again", "Why Not Solo Piano" und "Why Not 90s
Electronica". Dieses bisher unveröffentlichte Album wurde in 1991/1992 von Christopher Franke produziert. Alle Alben gibt es
bei Amazon und iTunes wie auch das neueste Release in 2012, das Re-Recording des Blade Runner Soundtracks.

Neben dem Komponieren von Musik schreibt Edgar Rothermich technische Anleitungen in einem besonderen Stil. Er legt den
Fokus auf umfangreiche Grafiken und Diagramme, um komplexe Zusammenhänge und Funktionsweisen von Software-
Programmen in seiner bekannten GEM-Serie (Graphically Enhanced Manuals) zu erklären. Seine Bestseller sind bei Amazon, in
Apple' iBookstore und als PDF-Download erhältlich.

www.DingDingMusic.com   GEM@DingDingMusic.com

Über GEM (Graphically Enhanced Manuals)

> ### VERSTEHEN, nicht nur LERNEN
>
> Was sind **G**rafisch **E**rweiterte **M**anuale? Sie sind eine neue Art von Anleitung mit
> visueller Unterstützung, die dabei helfen, ein Programm zu VERSTEHEN und es
> nicht nur zu LERNEN. Sie brauchen sich nicht durch 500 Seiten trockener
> Erklärungen zu kämpfen. Umfangreiche Grafiken und Diagramme helfen Ihnen
> dabei, den „AHA"-Effekt zu erlangen und erleichtern es, selbst schwierige
> Zusammenhänge zu begreifen. Mit den Grafisch Erweiterten Manuals können Sie
> eine Software schneller und mit einem viel tieferen Verständnis des Konzepts, der
> Funktionen und Arbeitsweisen auf eine leicht verständliche und sehr intuitive Art
> und Weise verstehen.

Über die Formatierung

Rot gefärbter Text gibt Tastatur-Shortcuts an. Ich verwende die folgenden Abkürzungen: **sh** (shift key), **ctr** (control key), **alt**
(option key), **cmd** (command key). Ein Plus zwischen den Tasten gibt an, dass all diese Tasten zur gleichen Zeit gedrückt
werden müssen: **sh+alt+K** bedeutet, dass shift-, alt- und K-Taste zur selben Zeit gedrückt werden müssen. **Ctr+klick**
entspricht **Rechter Maustaste**.

Braun gefärbter Text zeigt Menü-Kommandos an, mit einem größer-als-Zeichen (>) weist er auf Untermenüs hin.
Bearbeiten > Ursprungsdatei > Alles bedeutet: "Geh zum Bearbeiten-Menü, scroll runter bis Ursprungsdatei und wähle das
Untermenü Alles.

Blaue Pfeile deuten auf ein Menü hin, das geöffnet werden kann ●——→

Übersetzung

Gabriele Weßling - www.finalcutproX-berlin.de

Diese Anleitung basiert auf Final Cut Pro X v1.0.2
ISBN-13: 978-1466462090
ISBN-10: 1466462094
Copyright © 2011 Edgar Rothermich

Konzept

Digitaler Filmschnitt - Arbeitsablauf

Der Arbeitsvorgang in FCP X ist grundsätzlich der gleiche wie in jedem anderen Schnittprogramm, sogar wie in FCP 7. Wir können ihn in 5 Arbeitsschritte aufteilen:

1. **Importieren** der Dateien in FCP X: Welches Filmmaterial Sie auch immer verwenden wollen (Video, Audio, Bilder), es muss als erstes in die Anwendung importiert werden. Die Dateien sind jetzt in einem Bereich gesammelt, der „Ereignis" heißt.

2. **Organisieren** der Dateien als Ereignisclips auf eine bestimmte Art, um eine schnelle Vorschau und die Wahl des richtigen Clips zu erleichtern. Das können Sie bei FCP X im **Ereignis-Fenster** tun.

3. **Platzieren** der richtigen Clips auf einer Timeline in einer Sequenz, die der Film werden wird. Dieser Bereich heißt nun „**Projekt**".

4. **Editieren** der Clips auf der Timeline, um die Sequenz mit dem Einsatz von Effekten und anderen kreativen Werkzeugen anzupassen.

5. **Exportieren** der Timeline als fertigen Film.

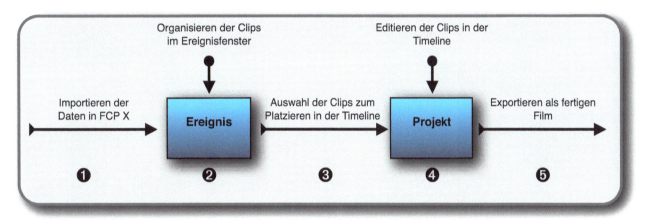

Wie wir sehen werden, unterscheiden sich in FCP X ein paar Arbeitsschritte von FCP 7 soweit, dass es fast eine neue Anwendung mit einem neuen Ansatz ist und nicht nur ein Upgrade von FCP 7.

Wo sind die Dokumente?

Die erste und eine der größten Veränderungen in FCP X liegt in der Anwendung an sich, oder genauer, in der „Art der Anwendung". Da diese Veränderung eine große Auswirkung beim Benutzen von FCP X hat (Einige würden sagen, es ist eine Einschränkung), möchte ich mehr ins Detail gehen. Auch wenn alle Anwendungen von außen gleich aussehen (es gibt ein Symbol im Ordner „Programme", das man mit einem Doppelklick öffnet, um die Anwendung zu starten), gibt es zwei Programmtypen, „**dokumentbasierend**" und „**nicht dokumentbasierend**". In dokumentbasierenden Anwendungen kann man etwas erstellen, z.B. Word, Excel, Photoshop, FCP 7, etc. All diese Programme sind Werkzeuge, die es ermöglichen, ein von der Anwendung getrenntes Dokument zu erstellen und zu editieren. Das könnte ein Word-Dokument, eine Tabelle, ein Song oder sogar ein Film sein. In einem nicht dokumentbasierenden Programm gibt es kein Dokument, das man öffnen oder sichern kann. Alles ist in der Anwendung enthalten. iTunes, iPhoto oder sogar Notizzettel haben keine Dokumente, die man öffnen oder sichern kann. Alle Dateien existieren als Teil des Programms und alles ist da, wenn das Programm hochgefahren wird.

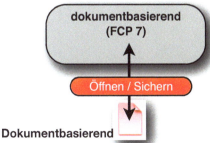

Dokumentbasierend

Das Programm braucht ein separates Dokument, das in der Anwendung geöffnet werden muss um es zu bearbeiten oder zu sichern.

Nicht Dokumentbasierend

Es muss kein separates Dokument geöffnet werden. Alle Bearbeitungen werden in der Anwendung gemacht und automatisch von ihr gesichert.

Dokumentbasierend	Nicht dokumentbasierend
Hochfahren des Programms lädt nur die „Anwendung" ohne das Dokument.	Hochfahren des Programms ist alles, was nötig ist.
Ein Dokument muss geöffnet, bearbeitet und gesichert werden.	Das Programm hat keinen „Öffnen" oder „Sichern"-Befehl
Alle Veränderungen müssen im Dokument gesichert werden.	Alle Veränderungen werden automatisch in einer bestimmten Datei gesichert, die das Programm ohne Beeinflussung des Benutzers bedient.
Dokumente können überall im Dateisystem abgespeichert werden. Man muss nur das Datei-öffnen-Fenster wählen und zu der Datei navigieren.	Die Dateien, die vom Programm benötigt und normalerweise benutzt werden, müssen in einem speziellen Datenverzeichnis sein. Der Benutzer muss dieses nicht kennen, da nicht zu erwartet ist, dass er es umändert.
Dokumente zwischen Computern zu verschieben ist leicht und durchschaubar. Allein das Programm, mit dem das Dokument geöffnet wird, wird benötigt.	„Dokumente" zu verschieben kann kompliziert sein, da sie vom Programm versteckt werden.
Beispiele: Word, Excel, Pages, FCP 7.	Beispiele: iTunes, Notizzettel, iWeb, Adressbuch, FCP X.

Dies ist der Grund, warum es keinen *Projekt öffnen* oder *Projekt speichern*-Befehl in FCP X gibt. Zu diesem Zweck ist es wichtig, das zugrunde liegende Dateisystem zu verstehen, um mit den Einschränkungen eines nicht dokumentbasierten Programmes umzugehen.

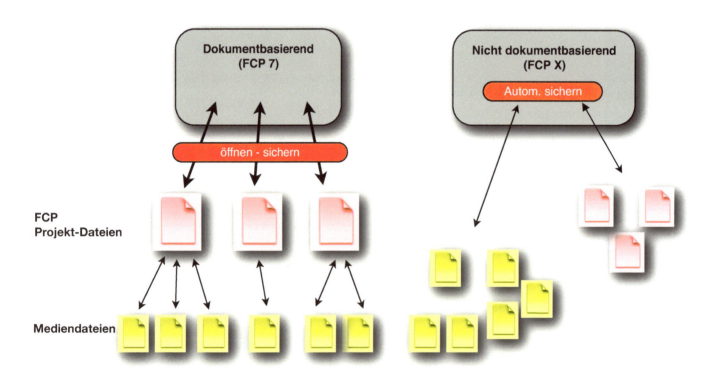

FCP Projekt-Dateien

Mediendateien

In der dokumentbasierten FCP 7-Version werden alle Daten in der Projektdatei gesichert. Die Projektdatei beinhaltet auch die Informationen, wo die Ursprungs-Mediendateien abgelegt wurden.

In der neuen nicht dokumentbasierten FCP X Version sind alle Informationen über die Speicherorte der Projekte und Mediendateien im Programm enthalten und starten automatisch, basierend auf der Existenz in einem programmspezifischen Datenverzeichnis auf der Festplatte.

Im neuen FCP X-System gibt es nur zwei Elemente:

① Das FCP X-Programm an sich, repräsentiert durch dessen Graphical User Interface (GUI) / Benutzeroberfläche;

② Die programmspezifische Lage der FCP X-Dateien auf der Festplatte.

Mit der neuen „strikt erzwungenen Methode", konzentriert man sich bei FCP X auf die Benutzeroberfläche. Alles kann von hier aus ohne einen extra Abstecher zum Finder (um die Dateien außerhalb des Programms zu verwalten), gesteuert werden. Man kann die ganze Zeit im Programm bleiben ①. Alle Medien-Dateien auf der Festplatte, die in FCP X importiert wurden, sind an ein Ereignis in FCP X gekoppelt und die Arbeit, die innerhalb von FCP X gemacht wird, wird automatisch in speziellen Ordnern auf der Festplatte gespeichert ②. Sogar komplexere Dateimanagement-Aufgaben können später direkt in der FCP X Benutzeroberfläche gemacht werden.

Der Importvorgang ist der „Eingang" in dieses System und den Exportvorgang entspricht dem „Ausgang", wenn das Projekt fertig ist und das endgültige Video als eine neue Quicktime-Videodatei gespeichert wird.

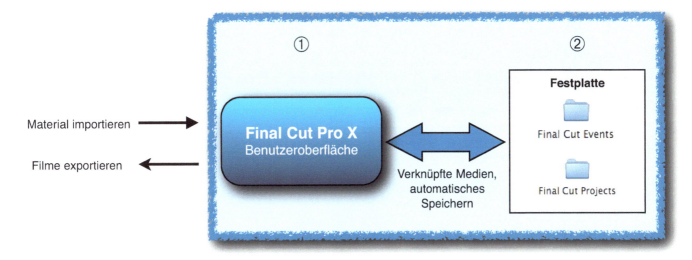

Schlüsselelemente: Ereignisse - Projekte

Das vorherige Bild zeigt die zwei Ordner, die FCP X benutzt, um die Daten zu speichern. FCP X ist direkt mit diesen zwei Ordnern verbunden:

- **Final Cut Events** (Ereignisse)
- **Final Cut Projects** (Projekte)

Diese zwei Ordner repräsentieren außerdem die beiden Hauptelemente in FCP X: **Das Ereignis - Das Projekt**

Hier noch einmal die grundsätzlichen Arbeitsschritte, die diese beiden Elemente zeigen:

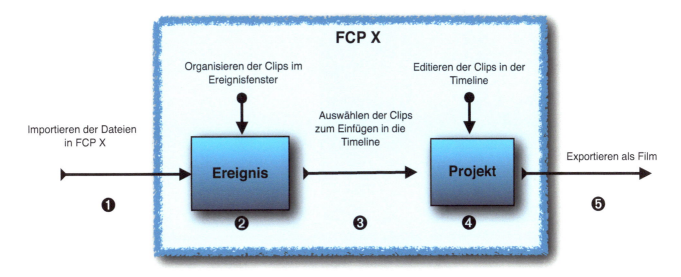

Ereignis

- Mediendateien müssen in ein Ereignis importiert werden. Jeder Clip in FCP X muss zu einem Ereignis gehören.
- Im Ereignis werden die Clips geordnet, umbenannt und ergänzende Informationen werden hinzugefügt (Band, Szenen ...)
- Im Ereignis werden Meta-Tags (Attribute) zu den Clips hinzugefügt (Bewertungen, Schlagwörter...), um Subclips und suchbare Felder zu erstellen.
- Der Ereignisbereich ist die Quelle für die im Projekt benutzten Clips.

Projekt

- Das Projekt ist der Bereich, in dem sich die Timeline befindet.
- Man greift die Clips aus dem Ereignisbereich und zieht sie auf diese Timeline.
- Man bearbeitet die Clips mit Effekten und anderen kreativen Werkzeugen, um sie zu editieren.
- Man exportiert die fertiggestellte Timeline als einen neuen Quicktime-Film.

Vielfältige Ereignisse - Mehrere Projekte

- In FCP X kann man vielfältige Ereignisse erstellen, basierend auf der Art und Weise, wie man das Quellmaterial (Clips) organisieren will, z.B. verschiedene Anlässe, Orte oder Tage.
- In FCP X kann man mehrere Projekte für verschiedene Filme, alternative Versionen oder verschiedene Reels erstellen.
- Beide, Ereignisse und Projekte, sind unabhängige Module in FCP X und die einzige Verbindung besteht in der Auswahl der Clips (aus welchem Ereignis), die im Projekt benutzt werden. Jeder Clip aus jedem Ereignis kann in jedem Projekt verwendet werden, solange er verfügbar ist.
- Es ist nicht nötig, ein Ereignis oder ein Projekt zu sichern. Was auch immer man in FCP X erarbeitet, jeder kleinste Schnitt wird automatisch gesichert und beim nächsten Öffnen von FCP wird alles noch genau so sein.

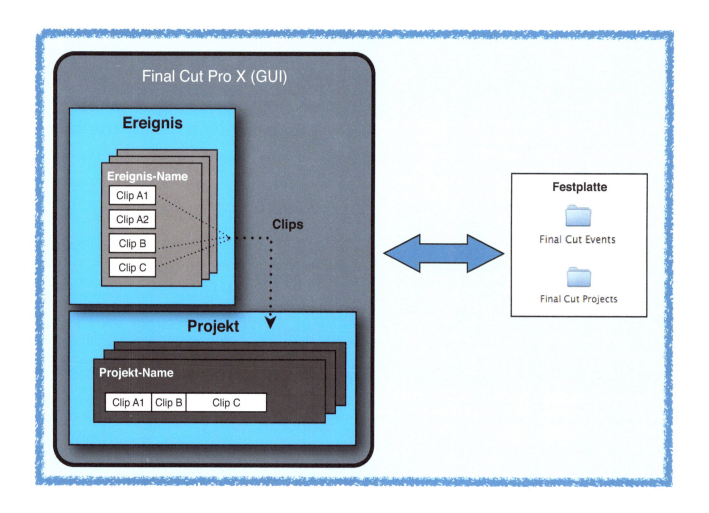

Benutzeroberfläche

Die Benutzeroberfläche von FCP X besteht aus einem einzigen Fenster mit drei Bereichen (Fensterausschnitten), die immer sichtbar und verbunden sind:

- **Ereignis:** beinhaltet die verfügbaren Clips
- **Projekt:** beinhaltet die Timeline(s)
- **Viewer**: zum Ansehen der Clips aus dem Ereignis oder Projekt

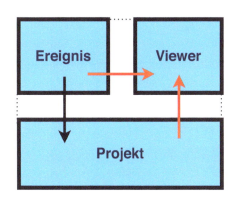

Für einige Aktionen ist es wichtig, dass ein bestimmter Fensterausschnitt aktiviert ist. Er ist durch einen helleren Grauton erkennbar ("key focus"). Während des Eingebens auf der Tastatur wird das aktivierte Fenster das Kommando oder den Text erhalten.

Desweiteren gibt es einen Bereich zwischen den oberen und unteren Fenstern, das **Dashboard (Symbolleiste)**, das als Werkzeugleiste mit Schaltflächen und dem multifunktionellen SMPTE Timecodefenster fungiert.

Hier die detailliertere Benutzeroberfläche:

Es gibt zwei Arten von Fensterausschnitten:

- Die Hauptfenster (Ereignis-Browser, Projekt-Timeline, Viewer) sind immer sichtbar und der dazugehörige Tastaturbefehl (Goto) wechselt die Auswahl dorthin.

- Zusätzliche Fenster können ein- und ausgeblendet werden. Abhängig von den Hauptfenstern, denen sie zugeteilt sind, passen sie die Größe der anderen Fensterausschnitte im gleichen Fenster an.

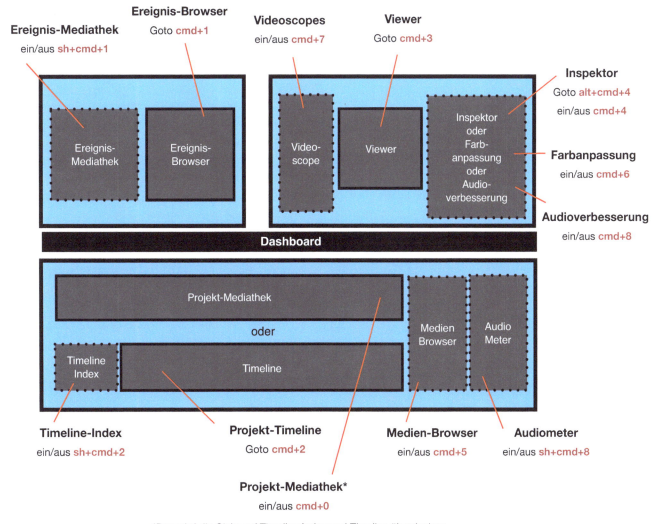

Medien-Dateien

Die Quelldateien (Rohmaterial) sind die eigentlichen Bausteine, die man benutzt, um das Video zusammenzustellen.

Einige der wichtigsten Medien-Dateien sind:

- Videodatei: beinhaltet Video (und meist auch Sound)
- Audiodatei: beinhaltet nur Sound
- Bilddatei: beinhaltet nur unbewegte Bilder

VideoFile.mov

AudioFile.aif

GraphicsFile.jpg

Die drei Instanzen

Tatsächlich existiert eine Medien-Datei in drei Instanzen. Es ist stets wichtig, ihre Beziehung und ihre Funktion in FCP X zu verstehen:

1) Instanz: Festplatte ➡ Medien-Datei

Die Mediendateien müssen irgendwo auf der Festplatte (oder Kamera) abgespeichert sein, damit FCP X Zugang zu ihnen für den anfänglichen Importprozess hat. Wenn die Dateien in FCP X importiert werden, wird nur eine Referenz erstellt, in der der Pfadname im Finder abgespeichert wird. Die ganze Bearbeitung an der Datei ist „nichtzerstörend", das heißt, dass FCP X die Originaldatei auf der Festplatte NIEMALS abgeändert wird.

> Wie man sieht, ist es wichtig, die Mediendatei nach dem Import in FCP X NICHT zu verschieben, da hierbei die Verknüpfung gebrochen wird und FCP X sie dann nicht mehr findet.

2) Instanz: Ereignis-Browser ➡ Ereignisclips (und Subclips)

Um die Mediendateien in FCP X zu benutzen, müssen sie als erstes in ein Ereignis in FCP X importiert werden. Wenn eine Datei importiert wird, erstellt FCP X einen Clip, der eine Repräsentation der ursprünglichen Mediendatei ist. Alle importierten Clips, die im Ereignis-Browser aufgelistet sind, beinhalten nur den Pfad zum Speicherort der Datei auf der Festplatte und immer, wenn man den Clip im Ereignis-Browser abspielt, wird eigentlich die Ursprungsdatei wiedergegeben. Der Ereignis-Browser hat die Funktion eines Containers, der alle Clips, die für die Projekt-Timeline verfügbar sind, beinhaltet.

Der Clip speichert außerdem auch alle Eigenschaften (Format, Länge, etc.) des Ursprungsclips ab. Auch kann man weitere Informationen (Markierungen, Informationen) dem Clip hinzufügen, um sie besser zu verwalten.

Die Clips im Ereignisbrowser werden auch *Ereignisclips* genannt. Subclips sind verschiedene Abschnitte eines Ereignisclips.

3) Instanz: Projekt-Timeline ➡ Timelineclips

Alle Ereignisclips im Ereignis-Browser werden nun zu Bausteinen für das Video, das Sie in der Timeline erstellen wollen.

Mit dem Verschieben des Ereignisclips vom Ereignis-Browser in die Projekt-Timeline wir eine neue Instanz erstellt, der Timelineclip, der eine Referenz des Ereignisclips ist. Obwohl der Timelineclip mit dem Ereignisclip verbunden ist (...der auf die Mediendatei auf der Festplatte verweist...), beinhaltet er sein eigenes Set an zusätzlichen Attributen, wie z.B. nur die letzten 5 Sekunden des Ereignisclips spielen, oder den Clip in schwarzweiß oder doppelt so schnell abspielen, etc.

Wie man sehen kann, ist es wichtig, den Clip NICHT aus dem Ereignis zu entfernen, nachdem er in der Projekt-Timeline genutzt wurde; anderenfalls wir die Verbindung unterbrochen und FCP X kann die Datei nicht mehr finden.

Eigenschaften (Properties)

Jede Datei hat ihre Eigenschaften (Parameter, Charakteristiken, etc.). Eine Videodatei hat zum Beispiel ein bestimmtes Format, Abtastrate und native Auflösung. Eine Audio-Datei hat ein spezifisches Format, Samplerate, Bit-Tiefe oder eingebettete Metadaten
wie Künstler, Komponist, Genre, etc.

Jede der drei „Instanzen" (**Mediendatei - Ereignisclip - Timelineclip**) hat ihre unabhängigen Eigenschaften. Wir haben gerade gesehen, dass das Abspielen eines Ereignisclips oder eines Timelineclips nur ein Befehl ist, um die verlinkten Mediendateien abzuspielen (für den Moment werden gerenderte Dateien ausgelassen). Die individuellen Eigenschaften der Clips agieren als Ebene, die die abgespielten Eigenschaften der ursprünglichen Mediendateien mit den Eigenschaften des Clips während des Abspielens überschreiben. Der Befehl des Clips könnte sein:

- „Abspielen der Mediendatei in halber Geschwindigkeit"
- „Abspielen der Mediendatei in schwarzweiß und Absenken des Tons um 6dB".

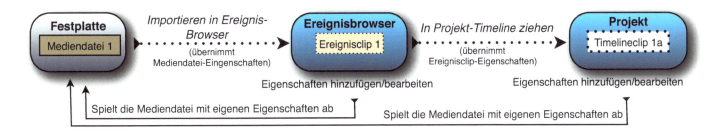

Mediendatei / Quelldatei

Wenn man eine Mediendatei mit der Schnellansicht im Finder abspielt, wird sie basierend auf den ursprünglichen Eigenschaften wiedergeben.

Ereignisclip

Wenn man eine Mediendatei importiert, erstellt FCP X einen Ereignisclip und übernimmt die Eigenschaften der Mediendatei. Der Inspektor (ein zusätzliches Fenster in FCP X) zeigt diese Eigenschaften an.

In FCP X kann man diese Eigenschaften ändern und sogar zusätzliche Eigenschaften zum Ereignisclip im Inspektor hinzufügen. Bitte behalten Sie im Gedächtnis, dass diese veränderten oder hinzugefügten Parameter nun Eigenschaften des Ereignisclips sind und in der Ereignisdatei, die FCP X erstellt, gelagert sind. Die Ursprungs-Mediendatei auf der Festplatte ist unverändert. Der Zweck der hinzugefügten Eigenschaften besteht hauptsächlich darin, die Ereignisclips zu verwalten und zu organisieren, damit man später einen bestimmten Clip unter hunderten oder tausenden Ereignisclips im Ereignis-Browser suchen und auch finden kann. Einige dieser Eigenschaften könnten sein:

- Zusätzliche Textinfo: Bandnummer, Szenennummer, Datum, Ort
- Attribute: Wertungen, Marker
- Schlagwörter: beschreibende Wörter oder Formulierungen
- Analysierte Daten (automatisch ausgeführt von FCP X): z. B. verwackeltes Bild, wie viele Leute sind im Bild etc.

Timelineclips

Wenn man einen Ereignisclip (oder einen Bereich davon, einen Subclip) aus dem Ereignis-Browser in die Projekt-Timeline zieht, wird ein Timelineclip erstellt, der alle Eigenschaften des Ereignisclips zum Zeitpunkt des Ziehens enthält. Wenn man den Inspektor für diesen neuen Timelineclip öffnet, wird man vorerst die gleichen Parameter sehen.

Nun kann man alle Arten von visuellen oder akustischen Änderungen am Clip anbringen, wenn man dem Timelineclip Effekte zuweist. Diese Änderungen werden sich nur auf diesen bestimmten Timelineclip in der Timeline auswirken und nicht den Ereignisclip oder sogar die Quelldatei beeinflussen. Und noch einmal, alle Parameter sind nicht-zerstörende Abspielparameter.

Im Finder zeigen - Im Ereignisbrowser zeigen

Ctr+click (Rechtsklick) auf den Ereignisclip öffnet das Kontextmenü mit dem Befehl „*im Finder zeigen*", um die verknüpfte Quelldatei anzuzeigen, und **ctr+click (Rechtsklick)** auf einen Timelineclip bietet den Befehl „*im Ereignis-Browser zeigen*", um den Ereignisclip zu zeigen, von dem der Timelineclip stammt, und den Befehl „*im Finder zeigen*", um die Quelldatei sichtbar zu machen.

Inspektor

Das Konzept des Inspektors wird in vielen Programmen verwendet. Man wählt ein Objekt im Programm (z.B. in einem Textverarbeitungs- oder Grafikprogramm) und der Inspektor zeigt dessen Eigenschaften (Parameter), die man an dieser Stelle auch ändern kann.

FCP X nutzt das gleiche Konzept. Man kann das Inspektorfenster (oben rechts) mit dem Shortcut **cmd+4** öffnen. Wenn man nun einen einzelnen ausgewählten Ereignisclip oder Timelineclip (oder sogar das Projekt) auswählt, wird der Inspektor ...

- ... die Eigenschaften des ausgewählten Clips zeigen.

- ... die Möglichkeit geben, die Eigenschaften des ausgewählten Clips zu ändern.

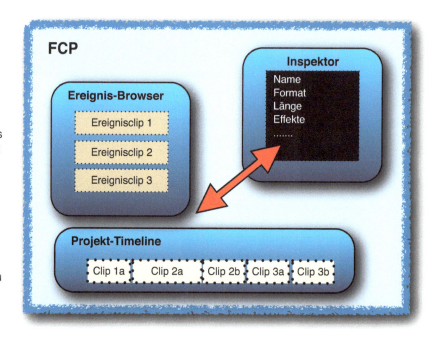

Der Inspektor verändert sich geringfügig, abhängig vom ausgewählten Objekt. Es gibt drei separate Tabs für die Clips:

- **Info** beinhaltet die wichtigsten Dateiinformationen, nicht zu bearbeitende Attribute und zusätzliche beschreibbare Felder. Man kann sogar eigene maßgeschneiderte Felder kreieren. Und natürlich kann man nach den in diesen Feldern abgelegten Informationen suchen wie in einer kleinen Datenbank.

- **Audio** beinhaltet alle Audio-Eigenschaften. Alle bereitgestellten Audio-Effekte werden hier aufgeführt und können verändert werden. Jedes einzelne Effekt-Modul kann auch ausgeschaltet werden.

- **Video** beinhaltet alle Video-Eigenschaften. Alle bereitgestellten Video-Effekte werden hier aufgeführt und können verändert werden. Jedes einzelne Effekt-Modul kann auch ausgeschaltet werden.

Andere Objekte wie Titel oder Projekte haben andere Tabs und Parameter, das Konzept ist aber im Grunde genommen gleich.

Ereignisse

In Ereignisse importieren

Wie wir schon früher gesehen haben, ist der erste Schritt beim Erstellen eines Videos das Importieren der Mediendateien in FCP X, um genau zu sein, in ein **Ereignis.**

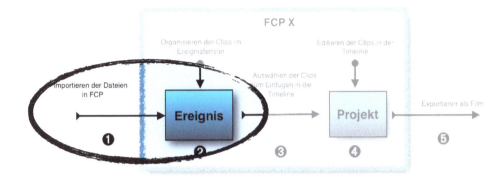

Das ist die neue Regel:

Mediendateien <u>müssen</u> in ein Ereignis importiert werden.

Das ist ein grundsätzlicher Unterschied zu den früheren Versionen, bei denen man einfach Dateien in einen Bin (Ordner) in FCP ziehen und die Clips umher bewegen konnte.

FCP X ist viel begrenzter. Jede Quelldatei muss zu einem bestimmten Ereignis gehören, das wie ein Container für Clips ist. Es kann keinen einzigen Clip in FCP X geben, der nicht einem Ereignis zugeteilt ist. Dennoch kann man verschiedene Ereignisse erstellen und die Clips später hin- und herschieben.

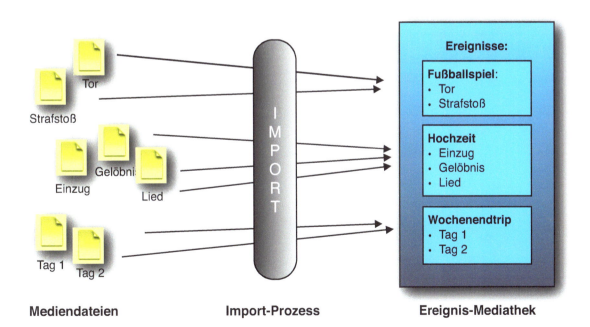

Ereignis Benutzeroberfläche

Wegen der wichtigen Rolle des Ereignisses in FCP X wurde ihm ein eigenes Fenster zugeteilt: Es ist eines der drei Hauptfenster, die immer in der Benutzeroberfläche FCP X sichtbar ist; die anderen zwei Fenster sind das Projekt-Fenster und der Viewer.

Das Fenster oben links in der Gesamtansicht von FCP X ist das Ereignisfenster, welches immer sichtbar ist.

Das Ereignis-Fenster kann auf einem zweiten angeschlossenen Monitor wiedergegeben werden. Zum Umschalten können Sie einen Shortcut festlegen oder den Menübefehl *Fenster > Ereignisse auf zweitem Monitor anzeigen* verwenden. Mit dem Menübefehl *Fenster > Ereignisse im Hauptfenster anzeigen* kann man es wieder zurück in die ursprüngliche Ansicht bewegen.

Das Ereignisfenster hat drei Abschnitte:

- **Ereignis-Mediathek**
  Listet alle verfügbaren Ereignisse auf, die FCP X in den vordefinierten Orten finden kann. Dieser Abschnitt kann verborgen werden.

- **Ereignis-Browser**
  Listet alle Clips aus dem Ereignis / den Ereignissen auf, die in der Ereignis-Mediathek ausgewählt sind. Der Ereignis-Browser kann zwischen zwei Ansichten umgeschaltet werden:

  - **Filmstreifen-Ansicht**: Diese ähnelt der Symbolansicht im Finder. Jeder Clip wird als ein individueller Filmstreifen aus kleinen Bildern dargestellt; oder

  - **Listen-Ansicht**: Eigentlich ist dies eine Kombination aus Listen- und Symbolansicht, die dem Cover Flow in iTunes ähnelt, wo man eine Listenansicht hat und das ausgewählte Element (in diesem Fall der Filmstreifen) ganz oben in der Liste dargestellt wird.

- **Ereignis-Werkzeugliste**
  Zeigt verschiedene Schaltflächen, um die Ereignisse und deren Clips zu verwalten.

Das Ereignis-Fenster unterstützt einige Popup- und Kontext-Menüs (zu öffnen mit **ctr+click (Rechtsklick)** auf das spezielle Element oder den Fenster-Hintergrund).

Die folgende Ansicht ist ein Beispiel für einen einfachen Aufbau mit einem aktiven Ereignis, das mehrere Clips enthält. Wenn Sie mit mehreren Ereignissen, Clips und der Einbindung von Metatags arbeiten, wird der Aufbau komplexer aber auch leistungsfähiger.

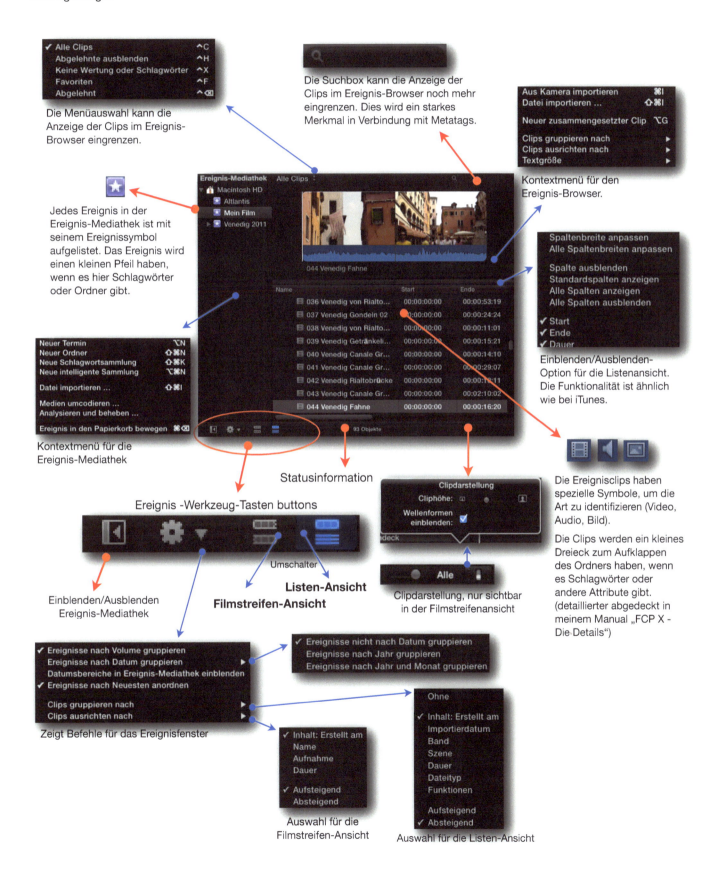

Die Menüauswahl kann die Anzeige der Clips im Ereignis-Browser eingrenzen.

Die Suchbox kann die Anzeige der Clips im Ereignis-Browser noch mehr eingrenzen. Dies wird ein starkes Merkmal in Verbindung mit Metatags.

Kontextmenü für den Ereignis-Browser.

Jedes Ereignis in der Ereignis-Mediathek ist mit seinem Ereignissymbol aufgelistet. Das Ereignis wird einen kleinen Pfeil haben, wenn es hier Schlagwörter oder Ordner gibt.

Einblenden/Ausblenden-Option für die Listenansicht. Die Funktionalität ist ähnlich wie bei iTunes.

Kontextmenü für die Ereignis-Mediathek

Statusinformation

Die Ereignisclips haben spezielle Symbole, um die Art zu identifizieren (Video, Audio, Bild).

Die Clips werden ein kleines Dreieck zum Aufklappen des Ordners haben, wenn es Schlagwörter oder andere Attribute gibt. (detaillierter abgedeckt in meinem Manual „FCP X - Die Details")

Ereignis -Werkzeug-Tasten buttons

Umschalter

Listen-Ansicht

Filmstreifen-Ansicht

Einblenden/Ausblenden Ereignis-Mediathek

Clipdarstellung, nur sichtbar in der Filmstreifenansicht

Zeigt Befehle für das Ereignisfenster

Auswahl für die Filmstreifen-Ansicht

Auswahl für die Listen-Ansicht

Daten importieren

Verschiedene Import-Wege

Grundsätzlich gibt es vier verschiedene Wege, um Medien in FCP X hineinzubekommen: Zwei für Import und zwei mittels Drag-and-Drop:

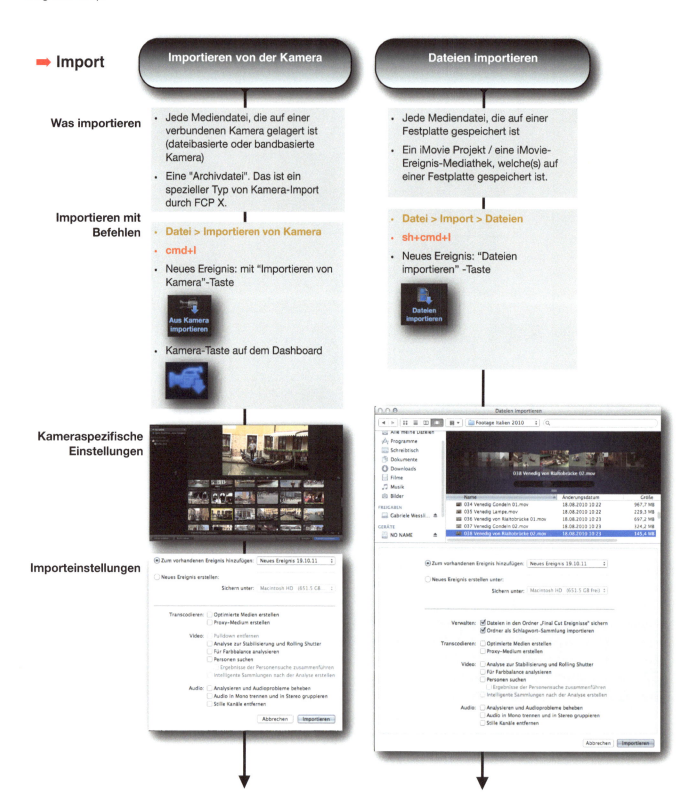

➡ Import

	Importieren von der Kamera	**Dateien importieren**
Was importieren	• Jede Mediendatei, die auf einer verbundenen Kamera gelagert ist (dateibasierte oder bandbasierte Kamera) • Eine "Archivdatei". Das ist ein spezieller Typ von Kamera-Import durch FCP X.	• Jede Mediendatei, die auf einer Festplatte gespeichert ist • Ein iMovie Projekt / eine iMovie-Ereignis-Mediathek, welche(s) auf einer Festplatte gespeichert ist.
Importieren mit Befehlen	Datei > Importieren von Kamera cmd+I • Neues Ereignis: mit "Importieren von Kamera"-Taste • Kamera-Taste auf dem Dashboard	Datei > Import > Dateien sh+cmd+I • Neues Ereignis: "Dateien importieren" -Taste
Kameraspezifische Einstellungen		
Importeinstellungen		

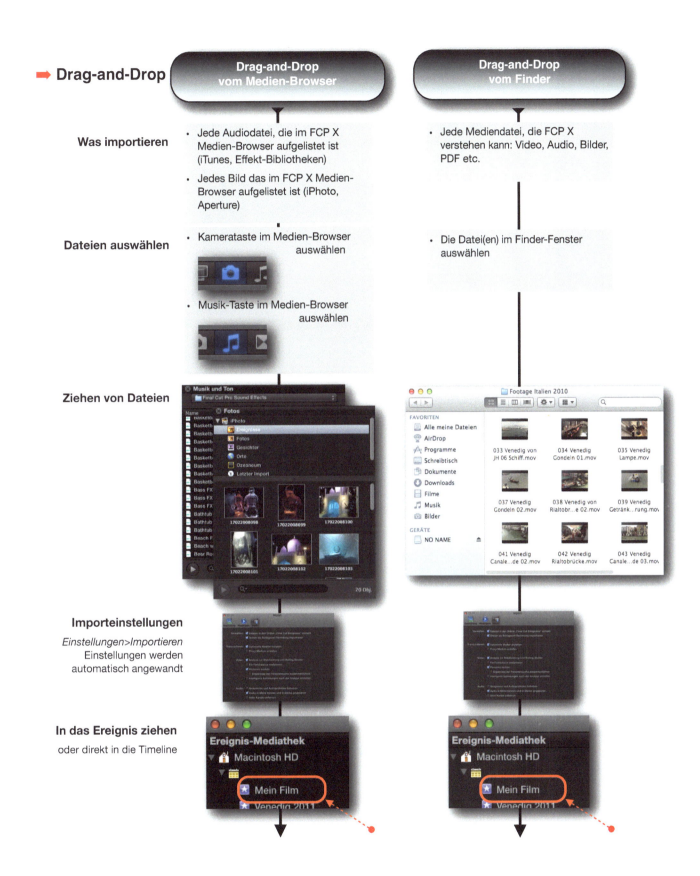

Der Drag-and-Drop Importvorgang öffnet nicht das Importfenster, wo Sie die Einstellungen für Transcodierung und Analyse einstellen können. Allerdings hat das *Einstellungen > Importieren-Fenster* exakt die gleichen Vorgaben mit den gleichen Checkboxen. Die hier vorgenommenen Einstellungen greifen bei jedem Drag-and-Drop Import automatisch im Hintergrund.

Importvorgang

① Einem Ereignis zuteilen

Wie wir schon früher erfahren haben, verlangt FCP X, dass jeder Ursprungsclip mindestens einem Ereignis zugeteilt ist. Bevor man die Importieren-Taste anklickt, muss FCP X wissen, zu welchem existierenden Ereignis die importierte Datei zugeteilt werden soll, oder ob ein neues Ereignis erstellt werden soll. Da führt kein Weg drumherum.

② Einen Ereignisordner erstellen (optional)

Wenn man ein neues Ereignis erstellt, wird FCP X einen neuen Ordner mit dem gleichen Namen im „Final Cut Ereignis"-Ordner im Filmverzeichnis des Benutzers erstellen. Alle Dateien, die Bezug nehmen auf dieses Ereignis, sind in diesem Ordner gelagert.

~/Filme/Final Cut Ereignisse/"My Movie"/

③ Die Quelldatei kopieren

FCP X erstellt nun einen "Original Media"-Ordner im Ereignisordner. Dies ist der Ort, wohin FCP X die Mediendateien kopiert. Während des Datenimports gibt es eine Checkbox im Importieren-Fenster, wo man den Vorgang steuern kann. Wenn man sie nicht aktiviert, wird FCP X nur eine Verknüpfung (alias) der Quelldatei im „Original Media"-Ordner erstellen und lässt die Quelldatei an ihrem ursprünglichen Ort.

Eine Verknüpfung wird den Ereignisordner nicht mit zusätzlichen Kopien vergrößern, aber es ist gefährlich, wenn man die Originaldateien später löscht, ohne zu wissen, dass sie in einem FCP X-Ereignis verwendet wurde (Später kann man die Verknüpfung durch das Original ersetzen).

Die zweite Checkbox „Ordner als Schlagwortsammlung importieren" teilt den Clips Schlagwörter zu, wenn man einen Ordner mit Clips importiert (sogar verschachtelte Ordner). FCP X behält diese „organisatorische Information", indem es für jeden Ordner ein Schlagwort erstellt. Das Schlagwort ist eine Repräsentation des Namens des Ursprungsordners. Für jedes Schlagwort erstellt FCP X auch eine Schlagwortsammlung in der Ereignis-Mediathek. Die Mediendateien werden „flach" in den Ereignisordner kopiert, das bedeutet, ohne verschachtelte Ordner zu erstellen.

④ Einen Ereignisclip erstellen

Wie wir im vorigen Kapitel über die drei Instanzen der Mediendateien erfahren haben, erstellt FCP X einen Ereignisclip während des Imports, der eine Repräsentation der Quelldatei ist. Dieser Ereignisclip existiert im Ereignis und hat nun eigene Eigenschaften.

⑤ Transcodierung durchführen

FCP X ist unabhängig von der Auflösung des Videomaterials. Sie können mixen und verschiedene Video- und Audioformate aneinander anpassen. FCP X wandelt sofort um.

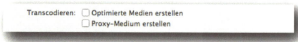

Um die Performance zu optimieren, kann FCP X bis zu drei unterschiedliche Versionen eines einzelnen Clips verwenden. Beim Abspielen des Clips nutzt es

- **Original Mediendatei** (Das ist die ursprüngliche Mediendatei/Quelldatei, die beim Import in den Ereignis-Ordner gespeichert wird).

- **Optimierte Mediendatei** (Das ist die Datei im Apple ProRes-Format in hoher Auflösung für flüssigeres Arbeiten)

- **Proxy Mediendatei** (Apple ProRes Format in einer geringen Auflösung für weniger leistungsintensive CPU Operationen und kleinere Dateigröße)

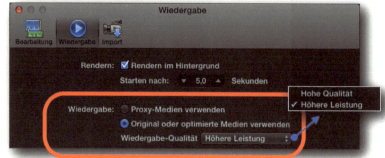

Die beiden zusätzlich transcodierten Dateien der Quelldatei können während des Importprozesses durch Anhaken einer Checkbox erstellt werden. Bedenken Sie, dass diese Dateien sehr groß werden können. Sie können auch später noch transcodieren.

In den FCP X-Einstellungen können Sie festlegen, welche Art Medien aktuell zum Abspielen verwendet werden soll.

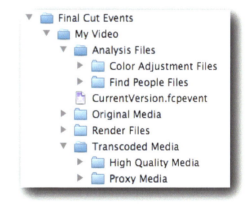

⑥ **Analyse durchführen**

Während des Imports kann FCP X die Mediendateien analysieren (Das kann zu jeder Zeit durchgeführt werden).

FCP X analysiert den Video- und Audioanteil der Datei und macht die Datei auf zwei Wegen verfügbar:

- **Schlagwörter**: FCP X kann Schlagwörter zusammen mit dem Ereignis lagern. Diese Schlagwörter können später gesucht werden, um schnell die Subclips anzuschauen, die nur zu diesen Schlagwörtern passen. Zum Beispiel:

  - Nur die Anteile eines Clips zeigen, die ein oder zwei Menschen im Bild haben; oder

  - Keinen Clip mit stark verwackeltem Bild zeigen.

- **Einstellungen**: FCP X kann mögliche Probleme finden und beinhaltet Einstellungen, die später in der Timeline aktiviert werden können, um zu helfen, solche Fehler zu reparieren. (Noch einmal, alles ist nicht-zerstörend, sondern nur in der Wiedergabe).
  Zum Beispiel:

  - Hintergrundgeräusche reduzieren oder

  - Audiotracks löschen, die keine Signale tragen.

⑦ **Wo ist das ganze Material?**

Wie wir schon vorher erörtert haben, bezieht sich jedes Ereignis auf seinen eigenen Ordner im „Final Cut Events"-Ordner (Event = Ereignis). Der Name des Ordners übernimmt den Namen des Ereignisses, und wenn man dieses in FCP X umbenennt, wird der Name des Ordners im Finder automatisch angepasst.

Der Ereignis-Browser zeigt den Inhalt dieses Event-Ordners.

Alles, was mit dem Ereignis verknüpft ist, wird auch im Event-Ordner gelagert und FCP X erwartet, dass es die Dateien exakt dort, wo es sie hingetan hat mit exakt dem gleichen Namen, den es ihm gegeben hat, findet. Also sollte man nichts in diesem Ordner verändern, es sein denn, man weiß genau, was man tut.

Alle Dateien, die während des Imports erstellt wurden, können hier im Ereignisordner gefunden werden.

- **Final Cut Events** beinhaltet einen Ordner für jedes Ereignis.
  - **"My Video"**: Der Name des Ereignisses.
    - **CurrentVersion.fcpevent**: Das ist die Hauptdatei, die Dateien für das Ereignis enthalten.
    - **Original Media**: Der Ordner, der die importierten Mediendateien oder die Verknüpfungen, die mit den Originaldateien verlinkt sind, beinhaltet.
    - **Transcoded Media**: Beinhaltet zwei Unterordner mit der transcodierten Version der Mediendateien:
      - **High Quality Media**: Enhält das Material in hoher Auflösung.
      - **Proxy Media**; Enthält das Material in geringer Auflösung.
    - **Analysis Files**: enthält Unterordner für analysierte Dateien.
      - **Color Adjustment Files**
      - **Finder People Files**
    - **Render Files** enthält mehrere Unterordner mit gerenderten Dateien.
    - *Verschiedene andere Ereignis-bezogene Dateien.*

Der *Final Cut Events*-Ordner wird automatisch in den folgenden Verzeichnissen gelagert:

- Auf der Haupt-Festplatte: Im Benutzer Movies Ordner. Nur für diesen Benutzer sichtbar!
  "*~/Movies/Final Cut Events/*"; oder

- Auf einer anderen gemounteten Festplatte: Auf oberster Ebene "*/Final Cut Events/*".

- Auf einer SAN: Auf einer frei wählbaren Ebene

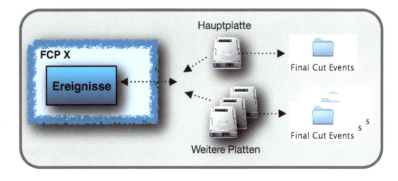

Import von der Kamera

FCP X führt ein neues Konzept, das "**Archiv**" ein. Es ist eine spezielle Art des Einlesens von der Kamera (Capture).

- Während des normalen Imports von der Kamera speichert FCP X die importierten Dateien auf der Festplatte in einen Ereignis-Ordner.

- Ein Archiv-Import speichert die importierten Dateien auf der Festplatte, weist sie aber keinem Ereignis zu. FCP X funktioniert jetzt als ein Capture-Werkzeug, das Rohmaterial für spätere Zwecke von der Kamera importiert. Die dabei entstehende Datei ist eine spezielle FCP X-Datei mit der Endung *.fcarch* und hat ein silbernes Filmdosen-Symbol. Sie wird in einem festgelegten Ordner mit dem Namen *„Final Cut Camera Archives"* im Benutzer-Movies-Verzeichnis abgelegt. Eine Archiv-Datei ist genau genommen eine Paket-Datei, die Sie im Finder öffnen und sich deren Inhalt ansehen können.

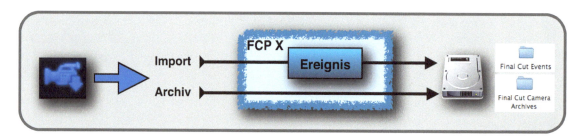

Viele verschiedene Befehle starten den Import von der Kamera:

- Vom Hauptmenü: *Ablage > Aus Kamera importieren*

- Der Shortcut: cmd+I

- Ein neues leeres Ereignis-Fenster mit der *"Aus Kamera importieren"*-Taste im Ereignis-Browser.

- Auf der linken Seite der Symbolleiste ist ebenfalls eine dazugehörige Kamera-Taste.

Jeder dieser Befehle öffnet das „Kameraimport"-Fenster.

- Auf der linken Seite finden Sie zwei Arten von Importquellen:

    - KAMERAS: Alle momentan angeschlossenen Kameras (Sie können sogar Live-Video aus der angeschlossenen Kamera aufnehmen, wenn die Kamera dies unterstützt, z.B. die eingebaute iSight-Kamera des Computers).

    - KAMERA ARCHIVE: Alle verfügbaren Kamera-Archive.

- Das untere rechte Fenster zeigt Ihnen alle auf der ausgewählten Kamera vorhandenen Dateien. Band-basierende Kameras zeigen nur ein Import-Fenster. Die einzelnen Dateien können mit der Leertaste abgespielt werden und mit I und O versehen werden, also mit In- und Outpoint (Anfangs- und Endpunkt) begrenzt werden.

- Das obere rechte Fenster zeigt die ausgewählte Datei im Vorschau-Modus mit seinen Navigations-Tasten.

Das nächste Fenster ist eigentlich ein Eingabe-Formular, welches sich in das Kameraimport-Fensters hineinschiebt. Hier nehmen Sie die letztendlichen Einstellungen vor, bevor Sie die Importieren-Taste drücken.

❶ Ereignis-Zuweisung

An dieser Stelle werden Sie von FCP X aufgefordert, den zu importierenden Mediendateien ein bestimmtes Ereignis zuzuweisen.

- **Zum vorhandenen Ereignis hinzufügen:**
  Ein Popup-Menü führt alle existierenden Ereignisse auf, die momentan in FCP X zur Verfügung stehen.

- **Neues Ereignis erstellen:**
  Sie können direkt an dieser Stelle ein neues Ereignis erzeugen, ohne vorher in das Ereignis-Fenster wechseln zu müssen. Geben Sie einen Ereignis-Namen ein und wählen Sie die Festplatte aus, auf der es gespeichert werden soll.

❷ Transcodieren

Hier setzen Sie einen Haken, wenn Sie wollen, dass FCP X zusätzliche Dateien zu jeder Mediendatei erstellt (hohe Auflösung und niedrige Auflösung).

❸ Analyse

Wenn FCP X während des Importierens die Medien analysieren und/oder mit Schlagwörtern und Einstellungen versehen soll, setzen Sie hier die entsprechenden Haken. Einstellungen können z.B. sein: Verwackeltes Bild, Farbbalance, Brummen oder Stille im Audiobereich, Close up oder Totale, wie viele Personen sind im Bild etc.

❹ Importieren:

Hiermit wird der Import gestartet:

- FCP X erstellt ein neues Ereignis (wenn ausgewählt).
- FCP X erstellt für jede importierte Mediendatei einen Ereignisclip und verknüpft ihn mit dem ausgewählten Ereignis.
- FCP X erstellt die zusätzlichen transcodierten Dateien für jede Mediendatei (wenn ausgewählt).
- FCP X erstellt die Analyse für Video und Audio und speichert die Schlagwörter zusammen mit den erstellten Ereignis-clips (wenn ausgewählt).

Daten-Import

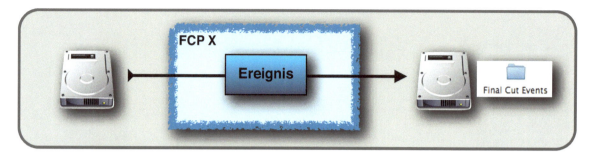

Es gibt viele unterschiedliche Befehle, um den Daten-Import zu starten:

- Aus dem Hauptmenü: *Ablage > Importieren > Dateien ...*
- Ebenso können Sie iMovie-Projekte oder Ereignisse importieren: *Ablage > Importieren > iMovie Projekt*
- Aus dem Kontext-Menü des Ereignisses: "*Datei importieren...*"
- Der Shortcut: **sh+cmd+I**
- Ein neues Ereignis ohne irgendwelche Clips zeigt die Taste "Dateien importieren" im Ereignis-Browser.

Wenn Sie einen dieser Befehle ausgeführt haben, wird sich ein Daten-Auswahl-Fenster öffnen.

❶ Datei-Auswahl

Auswahl der Datei(en) aus dem Datei-Auswahl-Fenster mit normaler Finder-Navigation.

❷ Ereignis-Zuweisung

Verknüpft die importierten Dateien mit einem Ereignis.

- **Zum vorhandenen Ereignis hinzufügen:**
  Ein Popup-Menü führt alle existierenden Ereignisse auf, die momentan in FCP X zur Verfügung stehen.

- **Neues Ereignis erstellen:**
  Sie können direkt an dieser Stelle ein neues Ereignis erzeugen, ohne vorher in das Ereignis-Fenster wechseln zu müssen. Geben Sie einen Ereignis-Namen ein und wählen Sie die Festplatte aus, auf der es gespeichert werden soll.

❸ Verwalten

Wählen Sie, ob die Dateien in den Ereignis-Ordner kopiert werden oder nur Verweise auf die Quelldateien gelegt werden sollen. Erstellen Sie Schlagwort-Sammlungen aus verschachtelten Ordner-Namen.

❹ Transcodieren

Setzen Sie einen Haken, wenn zusätzliche Dateien in hoher und/oder geringer Auflösung erstellt werden sollen.

❺ Analyse

Wenn die Dateien analysiert, verschlagwortet und/oder Informationen enthalten sollen, setzen Sie hier die Haken.

❻ Importieren:

Basierend auf den Einstellungen wird hiermit der Import gestartet.

Drag-and-Drop aus dem Medien-Browser

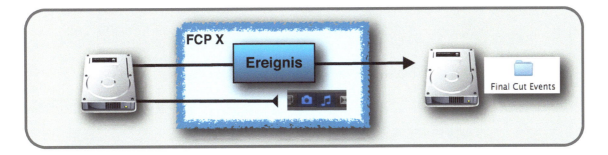

Medien aus dem Medien-Browser zu importieren ist ein wenig anders:

❶ Photoübersicht

Wählen Sie die „Fotos"-Taste in der zentralen Symbolleiste und der Medien-Browser zeigt die zur Verfügung stehenden Fotos.

- Sie können Ihre aktuelle iPhoto-Mediathek direkt aus FCP X durchsuchen.
- Sie können Ihre aktuelle Aperture-Mediathek direkt aus FCP X durchsuchen.

❷ Übersicht für Musik und Ton

Wählen Sie die „Musik und Ton"-Taste in der zentralen Symbolleiste und der Medien-Browser zeigt die zur Verfügung Musik- und Sound-Dateien an.

- Sie können Ihre aktuelle iTunes-Mediathek direkt aus FCP X durchsuchen und „vorhören".
- Sie können alle installierten Sound-Mediatheken (FCP, Soundtrack etc.) direkt aus FCP X durchsuchen und „vorhören".

❸ Ziehen Sie eine Datei in das Ereignis

Um ein Foto oder eine Sound-Datei in ein Ereignis zu importieren, ziehen Sie es einfach aus dem Medien-Browser auf das Ereignis in der Ereignis-Mediathek (nicht auf den Ereignis-Browser!). Später werden wir sehen, dass Sie diese Dateien auch direkt in die Timeline ziehen können.

❹ Importieren

Beim Ziehen einer Datei aus dem Medien-Browser in das Ereignis importiert FCP X diese basierend auf den Import-Einstellungen im Fenster *Einstellungen > Import*. (Verwalten, Transcodieren, Analyse)

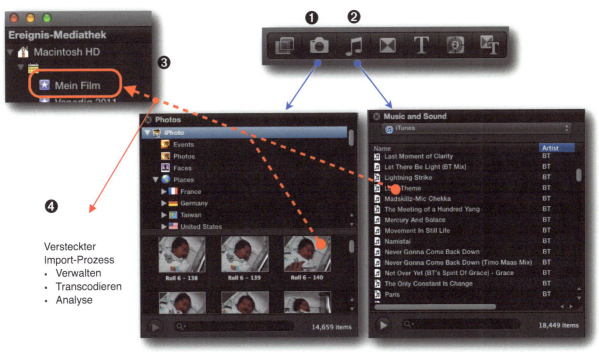

Sie können direkt im Medien-Browser Dateien suchen und sich eine Vorschau anzeigen lassen.

Drag-and-Drop aus dem Finder

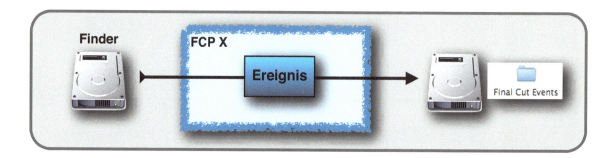

Der „Drag-and-Drop aus dem Finder"-Vorgang ist ein schneller Weg, um Medien von Ihren Festplatten in FCP X hineinzubewegen, egal von welchem Ort.

- Wählen Sie die Mediendatei(en) im Finder aus.

- Ziehen Sie die Datei(en) auf ein existierendes Ereignis in der Ereignis-Mediathek oder direkt in die Timeline.

- Der Import-Vorgang findet im Hintergrund basierend auf den Import-Einstellungen im Fenster *Einstellungen > Import* statt.

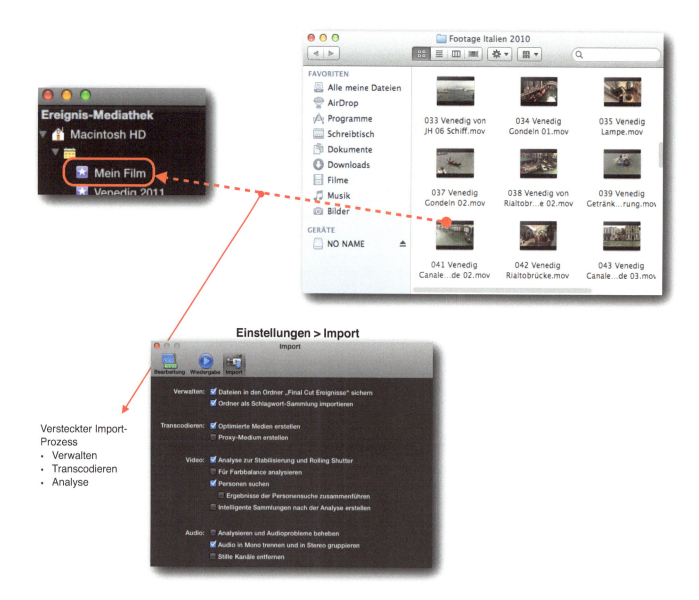

Import Überblick

Hier ist ein Überblick über alle vier Import-Optionen.

Obwohl Sie Dateien per Drag-and-Drop direkt in die Timeline ziehen können, ohne diese vorher zu importieren, führt FCP X den sachgerechte Import-Vorgang im Hintergrund durch, passend zu den Importeinstellungen (*Einstellungen > Import*) und erstellt einen Ereignisclip im Ereignis-Browser und etabliert die korrekte Ereignis-Projekt-Verknüpfung für diesen Clip.

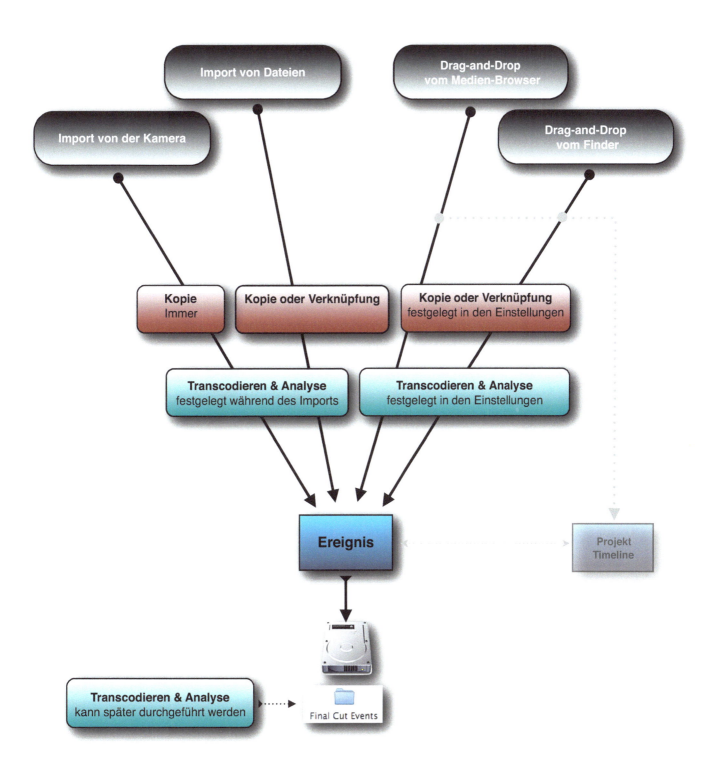

Ereignis-Verwaltung

Ereignis-Mediathek

Hier sind die grundlegenden Regeln für die Ereignis-Mediathek (mehr dazu in meinem nächsten Manual „Final Cut X - Die Details")

- Alle Ereignisse, die FCP X in den dazugehörigen Ordnern finden kann, werden in der Ereignis-Mediathek aufgeführt.
- Sie können keine Unterordner für Ereignisse erstellen, um diese zu organisieren - weder im Ereignis noch im "Final Cut Events" Ordner. Es ist eine „flache" Liste.
- Es gibt nur eine limitierte Sortier-Option, mit der Sie die Ereignisse in der Ereignis-Mediathek nach Datum oder Festplatte sortieren können.
- Das Ereignis selber kann zwei Arten von Sammlungen enthalten (Schlagwort-Sammlungen und intelligente Sammlungen) und auch Ordner. Mit dem kleinen Dreieck können diese geöffnet und geschlossen werden.
- Ordner zum Verwalten von Sammlungen innerhalb eines Ereignisses können manuell erstellt werden.
- Sammlungen und Ordner können verschoben (z.B für Unterordner) und per Drag-and-Drop in andere Ereignisse kopiert werden.

Obwohl die Ereignisse sehr eingeschränkt sind, gibt es eine Vielfalt von Befehlen im Datenmenü, um Ereignisse zu verwalten. Jede Veränderung des Ereignisses in der Ereignis-Mediathek verändert ebenso den Ereignis-Ordner auf der Festplatte. Weil die Ereignisse direkt mit einem Ereignis-Ordner zusammenhängen, können Sie Ereignisse auch direkt auf der Festplatte im Finder verwalten - wenn Sie mutig sind und wissen, was Sie tun. Ansonsten sind Sie an die folgenden Befehlen gebunden:

Ereignis duplizieren...

Machen Sie ein Duplikat des Ereignisses (für ein einfaches Backup). Ein Dialogfenster gibt Ihnen die Möglichkeit, Name und Festplatte für diesen Vorgang festzulegen. Genauso funktioniert auch **alt+ziehen** auf eine andere Festplatte in der Ereignis-Mediathek.

Ereignis bewegen...

Nur möglich, wenn eine weitere Festplatte, die als Ziel dienen kann, angeschlossen ist. In einem Dialogfenster können Sie die neue Platte auswählen (oder im Ereignis-Browser mit **cmd+ziehen** auf eine neue Festplatte ziehen)

Daten-Menü

Ereignis duplizieren ...	⌘D
Ereignis bewegen ...	
Ereignisse zusammenführen ...	
Projektmedien zusammenführen ...	
Renderdateien des Ereignisses löschen ...	
Ereignisdateien verwalten ...	
Ereignis in den Papierkorb bewegen	⌘⌫

Ereignisse zusammenführen...

Wählen Sie mindestens zwei Ereignisse im Ereignis-Browser und führen Sie diese zu einem neuen Ereignis zusammen. Sie können im Ereignis-Browser auch ein Ereignis auf ein anderes ziehen.

Renderdateien des Ereignisses löschen...

In einem Dialog-Fenster können Sie zwischen „Alle Renderdateien" und „nur ungenutzte Renderdateien" wählen. Das sind transcodierte Dateien, die Sie jederzeit neu erstellen können, also sehr praktisch, wenn Sie mehr Platz auf Ihrer Festplatte brauchen.

Ereignisdateien verwalten...

Dieser Befehl kopiert alle Quelldateien in den Ereignis-Ordner, wenn er vorher nur Verknüpfungen enthalten hat. Das ist wichtig, wenn Sie gebrochene Verknüpfungen zu Dateien, die außerhalb des Ereignis-Ordners liegen, vermeiden wollen.

In Papierkorb

Hiermit löschen Sie das Ereignis aus der Ereignis-Mediathek und bewegen den dazugehörigen Ereignis-Ordner in den Papierkorb des Finders.

Im Finder zeigen

Dieser Befehl ist über das Kontextmenü eines jeden Clips zu erreichen. Er öffnet den Ereignis-Ordner im Finder, um die Quelldatei zu zeigen. Wenn die Datei beim Import nicht in diesen Ordner kopiert wurde, wird eine Verknüpfung (Alias) gezeigt.

Ereignisclips zwischen Ereignissen kopieren

Sie können auch bestimmte Clips zwischen Ereignissen kopieren. Ziehen Sie den Ereignisclip im Ereignis-Browser zu einem anderen Ereignis in der Ereignis-Mediathek.

Projekte

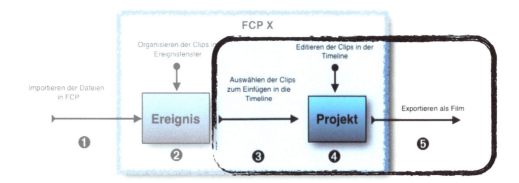

Nun verstehen Sie die Grundlagen der ersten großen Komponente von FCP X, dem Ereignis. Lassen Sie uns jetzt ein Blick auf die andere Komponente, das Projekt, werfen.

Die Hauptaufgabe des Ereignisses besteht darin, die Medien-Dateien zu sammeln (importieren) und sie zu organisieren und vorzubereiten. Diese liefern das Quellmaterial, um damit das Video zu erstellen. Die eigentliche Bearbeitung findet allerdings im Projekt statt. Die wichtigsten Schritte sind:

- Greifen der richtigen Clips aus den Ereignissen und organisieren dieser Clips in einer Sequenz in der Timeline.
- Bearbeiten der Sequenz: Trimmen der Clips, Effekte und andere kreative Anpassungen hinzufügen.
- Wenn fertig, exportieren des fertigen Videos als eine neue Quicktime-Datei.

Sie können Tage oder Wochen damit verbringen, im Ereignis-Bereich Ereignisse zu erstellen und Ihre Clips zu organisieren, ohne ein einziges Projekt angefangen zu haben. Entsinnen Sie sich, dass Sie Mediendateien ohne Bedenken über ihre unterschiedlichen Formate sammeln können. Später, wenn wir mit dem eigentlichen Projekt starten, wird FCP X jede Bildgröße, Framerate oder Sample-Rate in ein einziges Render-Format übertragen, welches wir auswählen und jederzeit ändern können (mit ein paar kleinen Einschränkungen).

Anmerkung: Das Projekt speichert keine Mediendateien oder Verweise zu den Mediendateien.

Das Projekt speichert nur Verweise zum Ereignisclip in einem Ereignis und dieser Ereignisclip ist mit der Quelldatei verknüpft.

Auf dem gleichen Weg, wie ein importierter Clip nicht ohne Verweis zu einem Ereignis existieren kann, ist es auch einem Projekt nicht möglich, ohne einen Verweis auf ein Ereignis zu bestehen. FCP X lässt Sie kein Projekt ohne Verweis zu einem vorgegebenen Ereignis erstellen.

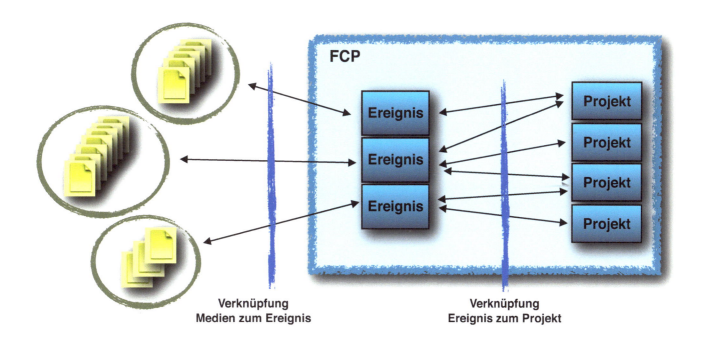

Projekt Benutzeroberfläche

Wie wir jetzt wissen, ist das Projekt-Fenster eines der drei Hauptfenster in FCP X, welches immer sichtbar ist.

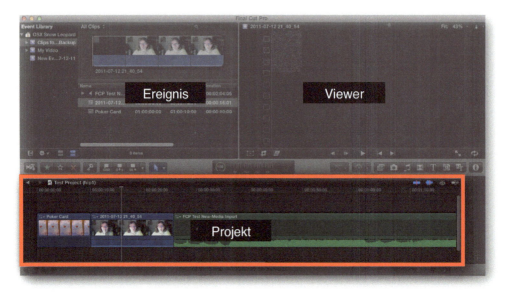

Während jedes andere Fenster seinen Hauptbereich hat und zusätzliche Fensterelement ein- und ausgeblendet werden können, besitzt das Projekt-Fenster seine spezielle Eigenart: Es hat zwei Identitäten mit zwei unterschiedlichen Ansichten.

- **Projekt-Mediathek**: Das ist der erste Anblick wenn noch kein Projekt erstellt worden ist. Es fordert Sie auf, ihr erstes Projekt zu erstellen. Dieses Projekt und alle folgenden, die FCP X in dem festgelegten Ordner „*Final Cut Projects*" findet, werden hier gezeigt.

- **Projekt-Timeline**: Diese Ansicht ist der eigentliche Arbeitsbereich, wo Sie Ihr Video zusammenstellen. Die Timeline-Ansicht hat zwei weitere Fenster, die bei Bedarf ein- und ausgeblendet werden können: *Timeline Index* und *Medien-Browser*.

Sie können zwischen den beiden Projekt-Darstellungen mit dem Shortcut **cmd+0** oder dem Filmrollen-Button in der unteren linken Ecke der Werkzeug-Leiste hin- und herschalten.

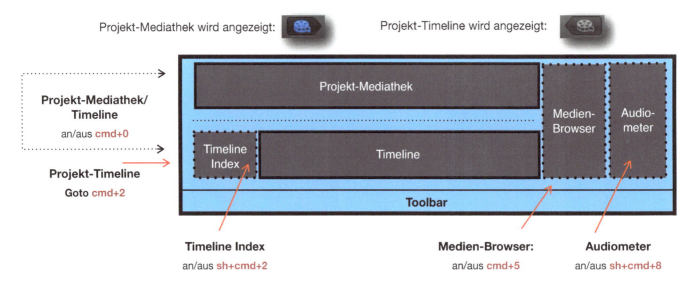

Die Projekt-Werkzeugleiste an der unteren Kante des Projektfensters zeigt unterschiedliche Tasten, Bedienungselemente und Informationen, abhängig von der Darstellung der Projekt-Mediathek oder der Projekt-Timeline.

Projekt-Mediathek

Es ist wichtig, nochmals darauf hinzuweisen: Projekte können nicht manuell in FCP X geladen werden. FCP X listet ausschließlich alle aktuellen Projekte, die es in vordefinierten Orten („*Final Cut Projects*"-Ordner) finden kann, auf. Ebenso gibt es auch keinen „Projekt sichern"-Befehl. Alle Änderungen im Projekt werden sofort automatisch in verschiedene Dateien im Projektordner gespeichert.

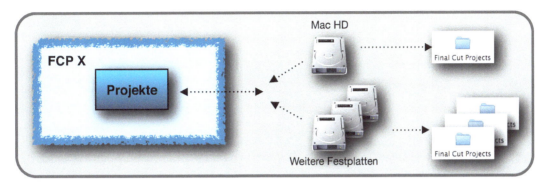

Der Final Cut Pro Projects-Ordner wird automatisch in einem der folgenden Verzeichnissen abgelegt (wenn entsprechend ausgewählt):

- Auf der Boot-Festplatte (meist die Macintosh HD): Im Benutzer-Movies-Ordner "*~/Movies/Final Cut Projects/*"
- Auf jeder anderen gemounteten Festplatte : Im Root-Verzeichnis (oberste Ebene) "*/Final Cut Projects/*"
- Auf einer SAN (Storage Area Network - dt. Speichernetzwerk): Auf einer frei wählbaren Ebene

Jedes Projekt ist durch Ordner mit einem eindeutigen Namen im Ordner "*Final Cut Projects*" oder in den verschachtelten Unterordnern repräsentiert. Hier ist der große Unterschied: Projekte können in Unterordnern in der Projekt-Mediathek verwaltet werden, Ereignisse können nur auf einem Level in der Ereignis-Mediathek bestehen.

Das Projekt-Mediathek-Fenster in FCP X zeigt jedes Projekt, das es in irgendeinem *Final Cut Projects*-Ordner findet, als Filmstreifen mit einem Etikett (Header) auf der linken Seite an. Der Header zeigt Informationen wie Projektname, Dauer, letztes Update und auch seinen relativen Speicherort im Ordner „Final Cut Projects" einer bestimmten Festplatte an.

Neben dem Header ist ein langer einzelner Filmstreifen, der den Projekt-Film mit einer Serie von Piktogrammen darstellt. Diese Filmstreifen repräsentieren die komplette Timeline von jedem Projekt und Sie können sie hier direkt abspielen.

Ein Projekt erstellen

Bevor wir ein richtiges Videoprojekt in der Timeline erstellen, schauen wir uns die Grundeinstellungen hierfür an.

Mit der +-Taste in der Projekt-Mediathek können Sie ein neues Projekt erstellen. Es ist wichtig, die richtige Festplatte oder den richtigen Unterordner in der Projekt-Mediathek zu wählen, denn das wird der Speicherort für das Projekt. Wenn Sie das Projekt in einen Unterordner speichern wollen, können Sie neue Ordner mit der Ordner-Taste erstellen. Allerdings können Sie das Projekt später frei in der Projekt-Mediathek verschieben.

Wenn Sie die + -Taste klicken, erscheint ein Eingabefenster mit den grundlegenden Einstellungen für dieses Projekt:

- **Name**: Hier vergeben Sie den Namen für Ihr Projekt, der auch im *Final Cut Projects*-Ordner erscheinen wird. Das Projekt kann jederzeit umbenannt werden.

- **Standard-Ereignis**: Sie müssen dem Projekt auf jeden Fall ein Ereignis als "*Standard-Ereignis*" zuweisen. Trotzdem können Sie Clips aus anderen erreichbaren Ereignissen zuweisen. Die anderen benutzen Ereignisse nennt man auch "*referenzierte Ereignisse*".

- **Video-Eigenschaften**: Wenn Sie die Einstellung auf "Automatisch" lassen, werden vorerst keine Einstellungen gesetzt. Sobald Sie den ersten Ereignisclip in die Timeline ziehen, passen sich ihre Eigenschaften dem Clip an. Wählen Sie jedoch „Angepasst", erweitert sich das Fenster und Sie können manuell Format, Auflösung und Framerate setzen.

- **Audio-Eigenschaften:** Sie können die Standard-Einstellungen beibehalten (Surround, 48k) oder „*Angepasst*" wählen, um eine eigene Auswahl zu treffen

- **Render-Eigenschaften**: Sie können die Standard-Einstellungen beibehalten (Apple ProRes 422) oder „*Angepasst*" wählen, um eine eigene Auswahl zu treffen. Das Projekt wird dann im von Ihnen eingestellten Format während des Renderprozesses im Hintergrund berechnet.

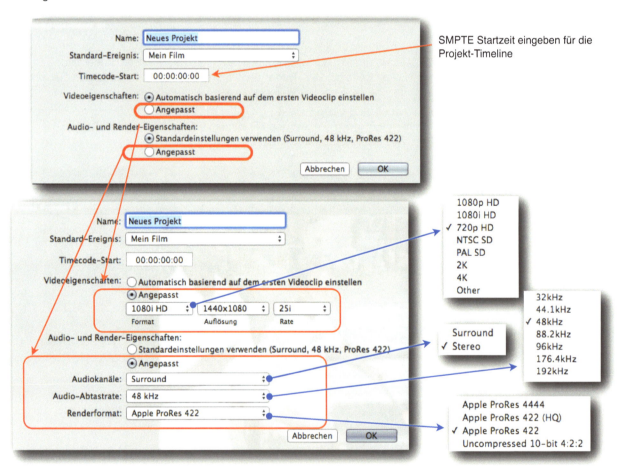

Es kann eine gute Idee sein, die Einstellungen basierend auf dem finalen Ausgabeformat vorzunehmen. Wie auch immer, alle diese Einstellungen können jederzeit ohne Problem geändert werden (außer die Video-Framerate, die ein Verrutschen der Clips in der Timeline verursachen kann).

Projekteigenschaften ändern

Sie können jederzeit die Projekteigenschaften ändern indem Sie entweder mit **cmd+4** oder einem Klick auf die "I"-Taste in der Menüleiste den Inspektor öffnen.

Das Eigenschaften-Tab zeigt folgende Informationen:

- Name des Standard-Ereignisses und weitere Projekteinstellungen.

- Der Bereich „Allgemein" zeigt den Ort und das Datum der letzten Änderung. Sie können hier auch eigene Notizen hinterlegen.

- Andere Ereignisse, die von diesem Projekt benutzt werden, sehen Sie unter „Verknüpfte Ereignisse". Die Taste „Verweise eines Ereignisses ändern" öffnet ein Fenster, wo Sie die Anweisung des Ereignisses ändern können und somit die Priorität, wenn Sie duplizierte Clips von verschiedenen Ereignissen in Ihrem Projekt haben.

- Schraubenschlüssel (Projekteinstellungen-Taste): Mit dieser Taste in der rechten unteren Ecke kommen Sie an das gleiche Projekteinstellungs-Fenster, das wir ganz am Anfang gesehen haben, um die Einstellungen vorzunehmen. Nun können Sie alle Einstellungen ändern (besser aber nicht die Framerate)

Projektverwaltung

- **Umbenennen** von Projekten oder Ordnern durch Klicken auf den Namen in der Projekt-Mediathek. Dabei werden ebenso die korrespondierenden Projektordner und verschachtelten Ordner umbenannt.

- **Bewegen** von Projekten oder Ordnern. Einfach per Drag-and-Drop Projekte oder Ordner in der Projekt-Mediathek bewegen. Auch hier werden korrespondierende Projekt-Ordner und verschachtelte Ordner im Finder bewegt.

- Drei weitere Optionen sind über das Kontext-Menü der Projekt-Mediathek erreichbar: **ctr+click (rechte Maustaste)** oder über den Menüpunkt „Ablage", wenn das Projekt ausgewählt ist. Denken Sie daran, dass das Ablage-Menü seinen Inhalt ändert, je nachdem, was gerade ausgewählt ist.

  - **Projekt duplizieren ...**: öffnet ein selbsterklärendes Einstellungsfenster.
  - **Projektmedien zusammenführen ...**: öffnet ein selbsterklärendes Einstellungsfenster.
  - **Projekt in den Papierkorb bewegen**: Entfernt das ausgewählte Projekt oder den Ordner aus der Projekt-Mediathek und bewegt die damit korrespondierenden Dateien in den Papierkorb.

- Das „Ablage"-Menü zeigt die gleichen Befehle plus drei zusätzliche:

  - **Projekt bewegen ...**: auf eine andere Festplatte verschieben.
  - **Projekt verwalten ...**: ersetzt alle Verknüpfungen (Alias; eine Datei, die nicht während des Imports kopiert wurde) mit einer echten Kopie des Quellmaterials.
  - **Renderdateien des Projekts löschen ...**: um Platz zu sparen. Sie können später erneut gerendert werden.

Projekt-Timeline

Lassen Sie uns einen Blick auf die Timeline werfen. Sie ist das Zentrum Ihrer Arbeit, hier erstellen Sie Ihr neues Video. FCP X nutzt einen etwas anderen Denkansatz als andere Videoschnitt-Software, einschließlich seines Vorgängers FCP 7.

Benutzeroberfläche

Das Wichtigste der Projekt-Timeline ist natürlich die Sequenz, in der Sie Ihre Clips platzieren.

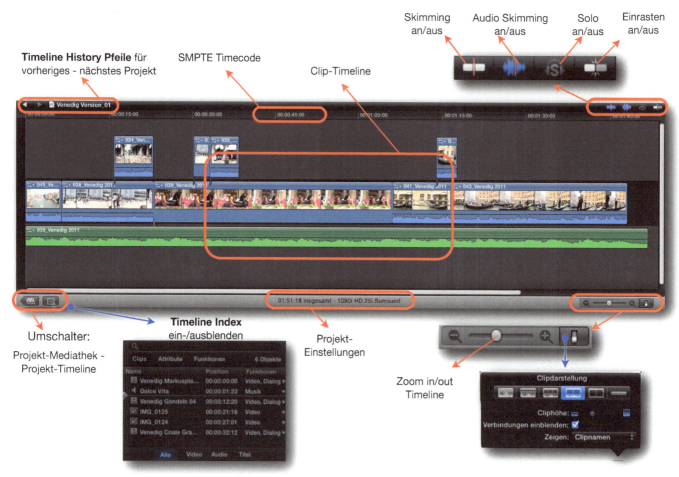

Timeline History
Diese Pfeile lassen Sie schnell zum nächsten oder vorherigen Projekt springen, ohne dass Sie die Projekt-Mediathek öffnen müssen. Sie können nur durch die nach dem Starten von FCP X ausgewählten Projekte gehen (sie sind im Hintergrund aktiv). Den Namen des sichtbaren Projekts können Sie neben dem Pfeil nachlesen.

Skimming
Das ist das „Überfliegen"-Werkzeug, mit dem Sie mit der Maus über einen Clip fahren und der Clip wird abhängig von der Position und der Geschwindigkeit der Maus im Viewer wiedergegeben. Die Abspielposition wird durch eine rote Skimmer-Linie angezeigt.

Skimming Audio
Hiermit können Sie das Audio-Skimming ausschalten, wenn Sie nur die visuelle Referenz ohne ein Geräusch brauchen.

Solo
Es wird nur die Audiospur des ausgewählten Clips abgespielt (Solo). Der Ton der nicht ausgewählten Clips ist stumm (Mute).

Einrasten
Wenn eingeschaltet, rasten gezogene Clips, Playhead oder Skimmer am nahesten Objekt oder Playhead ein (Snapping).

Timeline-Index
Der Timeline-Index ist ein Fenster, das auf der linken Seite der Timeline hineingleitet. Es listet alle Clips, die in der Timeline verwendet wurden, in chronologischer Reihenfolge auf. Nutzen Sie die Filter-Tasten und die Suchfunktion im oberen Bereich, um die Liste einzuschränken. Wählen Sie das Schlagwort-Tab, um nur die Schlagworte des aktuellen Clips anzeigen zu lassen. Die in der Liste ausgewählten Elemente werden in der Timeline mit einem weißen Rahmen um den Clipbereich angezeigt.

Keine Sequenzen mehr

Vor FCP X wurde jedes Projekt (der Hochzeitsfilm, Ihr Reisevideo oder Ihr nächster Blockbuster) als eigenes Dokument angelegt, welches Sie öffnen, sichern und schließen konnten, ähnlich wie ein Textdokument in einem Textverarbeitungsprogramm. Jedes Projekt enthielt alle verbundenen Mediendaten (oder Verknüpfungen dorthin) und Sie bearbeiteten Ihr Video in einer normalen Timeline. Ein Projekt konnte mehrere Timelines, Sequenzen genannt, enthalten. Wenn sie unterschiedliche Versionen (kurze Version, Outtakes, Alternativen) editieren wollten, haben Sie eine neue Sequenz im Projekt erstellt. Hierdurch entstand eine neue Timeline für den alternativen Schnitt. Alles blieb in diesem einen Projekt, und wenn Sie es gesichert haben, wurden auch alle Sequenzen gespeichert.

FCP X - eine ganz andere Geschichte: Ein Projekt - eine Timeline. Und es gibt keine Sequenzen mehr! Wie wir zuvor gelernt haben, zeigt FCP X automatisch alle Projekte, die es momentan auf Ihren Festplatten erreichen kann. Alle in Ereignissen verfügbaren Medien sind ebenfalls zugänglich. Im Prinzip arbeiten Sie in einem großen FCP X-"Über-Projekt". Wenn Sie eine neue Timeline (ehemals bekannt als Sequenz) oder eine alternative Version erstellen wollen, legen Sie ein neues Projekt an. Um das Sequenz-Konzept zu imitieren, können Sie die Projekte in verschachtelten Ordnern organisieren, aber dennoch: Ein Projekt - eine Timeline.

Jede Timeline ist eine Sequenz innerhalb eines Projekts

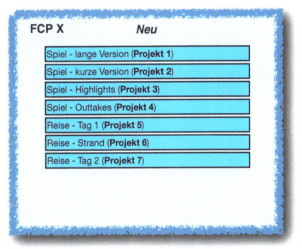

Jede einzelne Timeline repräsentiert ein einzelnes Projekt

Primäre Handlung

Und hier ist ein weiterer neuer Denkansatz in FCP X. Normale Videoschnitt-Software arbeitet mit dem Konzept von Spuren in einer Timeline. Mit der alten Handlungsweise konnten Sie ein paar Video-Spuren und auch weitere Audio-Spuren erstellen, um Ihre Video-und Audio-Clips darin in der richtigen Reihenfolge zu arrangieren.

Aber FCP X hat eine neue Vorgehensweise mit **Handlungen** und **verbundenen Clips**

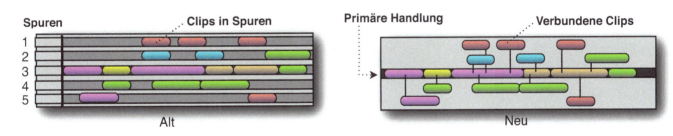

Hier ein paar fundamentale Veränderungen:

- Anstatt vieler Spuren in der Timeline gibt es nur eine „Spur", die **primäre Handlung** (engl. „Primary Storyline").

- Es gibt keinen Unterschied mehr zwischen Video- und Audio-Spuren. Sie existieren nebeneinander und sind durch einen Farbcode gekennzeichnet.

- Überlagerte Clips liegen nicht mehr in Parallel-Spuren, sie sind jetzt an den Clip der primären Handlung angehängt und werden somit zu **verbundenen Clips**. Wenn ein Clip in der primären Handlung verschoben wird, bewegen sich alle mit ihm verbundenen Clips mit ihm und bleiben in perfekter Synchronität.

- Videoclips, die Audiospuren enthalten, müssen nicht in separaten Video- und Audio-Inhalt getrennt werden. Sie können beim Platzieren, Bewegen und Trimmen wie ein zusammenhängender Clip behandelt werden. Wenn nötig, können Video und Audio getrennt werden, um es einzeln zu bearbeiten.

Clips werden also nicht in Spuren platziert. Stattdessen existieren sie in zwei Hauptbereichen.

- **In der primären Handlung**

  Technisch gesehen ist das eine einzelne Spur bzw. Hauptspur, wo Sie Ihre Clips anordnen.

- **Außerhalb der primären Handlung** (darüber oder darunter)

  Jeder zusätzliche Clip (Video oder Audio) wird nun parallel zur Handlung platziert, aber nicht auf einer separaten Spur. Hierdurch wird der Clip mit der Hauptspur, der primären Handlung, verbunden.

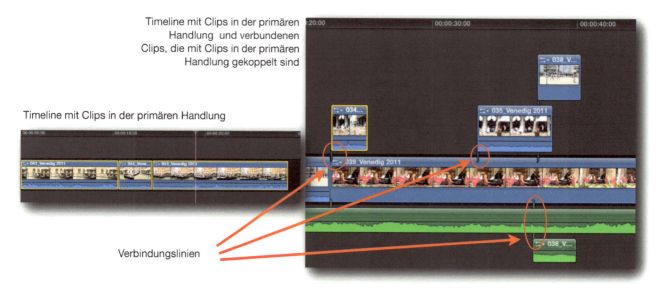

Timeline mit Clips in der primären Handlung und verbundenen Clips, die mit Clips in der primären Handlung gekoppelt sind

Timeline mit Clips in der primären Handlung

Verbindungslinien

- Die verbundenen Clips haben eine Verbindungslinie, die anzeigt, mit welchem Ursprungsclip in der primären Handlung sie gekoppelt sind. Der Verbindungspunkt auf dem Ursprungsclip ändert sich, wenn der verbundene Clip bewegt wird. Der Verbindungspunkt liegt normalerweise am ersten Frame des verbundenen Clips, er kann aber auch mit **alt+cmd+Klick** irgendwo anders hin bewegt werden. Dabei bleiben die Clips synchron, nur die Verbindungslinie wird verschoben.

- Wenn ein Clip in der primären Handlung bewegt wird, folgen alle mit ihm verbundenen Clips und bleiben synchron - ein großer Fortschritt im Workflow (allerdings mit ein paar versteckten Gefahren).

- Verbundene Clips, die überlappen, stapeln sich automatisch übereinander und werden mitbewegt, bleiben dabei also synchron. Alles Andere bewegt sich, wenn möglich, elegant aus dem Weg und findet seinen Platz.

- Ein Videoclip mit eingebetteten Audiospuren kann jetzt als ein einziger Clip behandelt werden. Das gewährleistet die Synchronität zwischen Video- und Audio-Inhalt.

- Der Clip in der primären Handlung muss nicht unbedingt ein Videoclip sein, es kann sich auch um einen Audioclip handeln.

- Die Clips in der primären Handlung müssen miteinander verbunden sein. Es kann keine Lücke, wie in vorherigen FCP-Versionen möglich, zwischen ihnen sein. Jede potentielle Lücke wird automatisch geschlossen *(„Magnetic Timeline")* oder mit einem "*Gap Clip*" *(Lücken-Clip)* aufgefüllt.

- Es gibt eine „von oben nach unten"-Priorität der Videoclips. Der oberste Videoclip verdeckt darunterliegende Videoclips, unabhängig davon, ob diese in der primären Handlung oder als verbundene Clips vorliegen (außer es wird mit der Deckkraft gearbeitet).

- Eingebundene Audiospuren von Videoclips oder reine Audioclips werden zusammengemixt, wenn sie übereinander gestapelt sind.

Fortgeschrittene Timeline-Eigenschaften

Es gibt noch viele weitere neue Timeline-Eigenschaften und Konzepte in FCP X wie z.B.

- Aus der primären Handlung heben
- Erweitern/Zusammenführen von Audio
- Verbundene Clips
- Zweite primäre Handlung
- Hörprobe/Alternativen
- Präzisions-Editor

Diese Punkte, sowie einen tieferen Einblick in die Timeline, werde ich in meinem Manual „Final Cut Pro X - Die Details" behandeln.

Clips

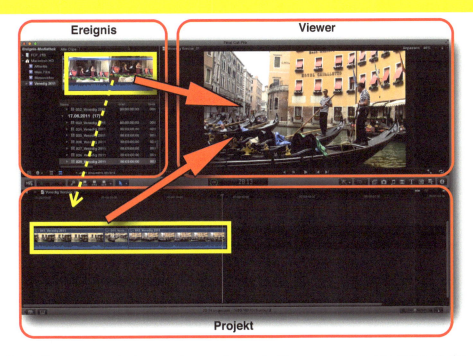

Ereignis   Viewer

Projekt

Bevor wir mit dem Bearbeitungsprozess loslegen, schauen wir uns die Clips genauer an und somit auch das dritte Fenster in der Benutzeroberfläche, den Viewer.

Der Viewer

Der Viewer folgt dem Ereignis oder der Projekt-Timeline, je nachdem, was gerade fokussiert wird. Der Abspielbefehl **Leertaste** wird den gegenwärtig ausgewählten Clip (wenn der Ereignis-Browser aktiv ist) oder die Timeline des ausgewählten Projekts, unabhängig davon, welcher Clip in der Timeline selektiert ist, wiedergeben. Die Titelanzeige oben links im Viewer zeigt, womit der Viewer gerade „gefüttert" ist.

Titel-Anzeige
- Der Name des Clips - wenn der Clip aus der Ereignis-Mediathek abgespielt wird
- Der Name des Projekts, wenn ein Clip aus der Timeline abgespielt wird

Transformationen anwenden

Beschneiden anwenden

Verzerren anwenden

Start-Stop

Gehe zum vorherigen / nächsten Frame

Gehe zum vorherigen / nächsten Edit Point

Vollbildanzeige

Als Loop abspielen

Darstellungsoptionen

ANZEIGE
Videoscopes einblenden
Beide Felder anzeigen
Kanäle
✓ Alle
Alpha
Rot
Grün
Blau
ÜBERLAGERUNGEN
Bereichsrahmen für Titel/Aktion

Zoom Level
✓ Anpassen
25 %
50 %
75 %
100 %
200 %
300 %

Der Viewer kann auf einem zweiten angeschlossenen Monitor wiedergegeben werden. Zum Umschalten können Sie einen Shortcut festlegen oder den Menübefehl: *Fenster > Viewer auf dem zweiten Monitor einblenden* verwenden.

Clips

Wenn wir unseren ersten Schritt machen und den ersten Ereignisclip vom Ereignis-Browser in die Projekt-Timeline ziehen, erstellen wir eigentlich einen NEUEN Clip.

Erinnern Sie sich, die Unterscheidung zwischen den drei Instanzen eines Quellclips habe ich schon zuvor aufgezeigt:

- **Mediendatei** (auf der Festplatte): Die Originaldatei - Quellclip (Video, Audio oder Standbild).
- **Ereignisclip** (im Ereignis): Der Clip ist im Ereignis-Browser gelistet und hat durch den Import eine Verknüpfung zur Quelldatei.
- **Timelineclip** (in der Timeline): Dieser Clip ist mit dem Ereignisclip im Ereignis verknüpft.

Clip-Ansicht

Sehen wir uns die Clips genauer an. Als erstes sehen die Clips sehr hübsch aus und beinhalten viele sofort sichtbare Informationen:

- Clips mit Video-Inhalt (Video und Standbilder) sind blau und reine Audioclips sind grün.
- Das Piktogramm des Clips funktioniert wie ein Mini-Viewer, wenn die *"Skimming"*-Funktion im Ereignis-Browser genutzt wird. Wenn Sie mit der Maus über den Clip fahren, wird der Clip überflogen (mit oder ohne Ton).
- Wenn der Clip Audio beinhaltet, wird eine Audio-Waveform angezeigt, die farbcodierte Level-Informationen von grün zu gelb zu rot zeigt (Aussteuerung).

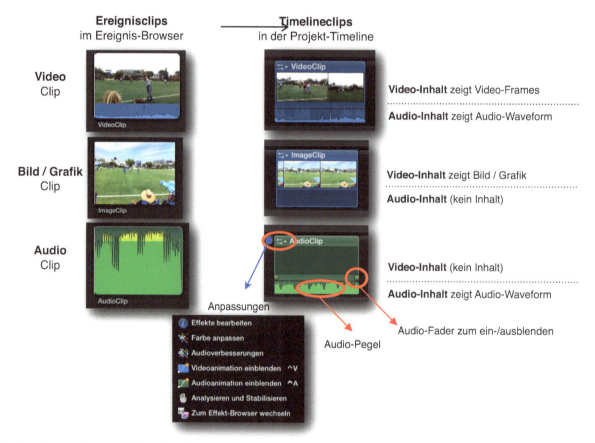

Der Timelineclip hat drei zusätzliche Funktionen:

- **Anpassungs-Popup-Menü**: Der Clip hat oben links in der Ecke ein kleines Dreieck, welches ein Menü für diverse Clip-Einstellungen öffnet. Diese Anpassungen sind nicht destruktiv, also reine Abspiel-Eigenschaften, die zusammen mit dem Timelineclip im Projekt gespeichert werden. Der zugehörige Ereignisclip weiß nichts von diesen Einstellungen.
- **Audio-Pegel**: Mit der Pegel-Linie im Audio-Bereich können Sie den Pegel durch das Verschieben dieser Linie zwischen +12 dB und -96 dB steuern. Die farbcodierte Waveform-Darstellung zeigt unmittelbar die Änderung der Amplitude, damit Sie sehen können, wie Sie den Pegel verändern. (Wird auch für Pegel-Automation bzw. Audio-Animation genutzt.)
- **Audio-Fade Regler**: Ein Clip, der Audio enthält, zeigt zwei Anfasser an den Clip-Grenzen, wenn Sie mit der Maus über den Audio-Inhalt fahren. Das Verschieben dieser Anfasser erzeugt ein Ein- oder Ausblenden des Tons. Die Waveform-Darstellung zeigt eine visuelle Darstellung des Ergebnisses.

In der unteren rechten Ecke der Timeline finden Sie einen kleinen Schalter, mit dem Sie die Clipdarstellung einblenden können. Es unterstützt drei Darstellungsoptionen für Timelineclips:

- **Darstellung**: Wählen Sie zwischen sechs Darstellungsarten mit unterschiedlichen Proportionen von Audio- und Video-Inhalt.
- **Cliphöhe**: Passen Sie die Höhe von Clips mit dem Schieberegler an.
- **Verbindungen einblenden**: Die Verbindungslinie von verbundenen Clips lässt sich hiermit ein- und ausschalten.
- **Zeigen:** Zeigt die Clipnamen oder die Funktionen der Clips (dazu mehr in meinem nächsten Tutorial „Final Cut Pro X - Die Details")

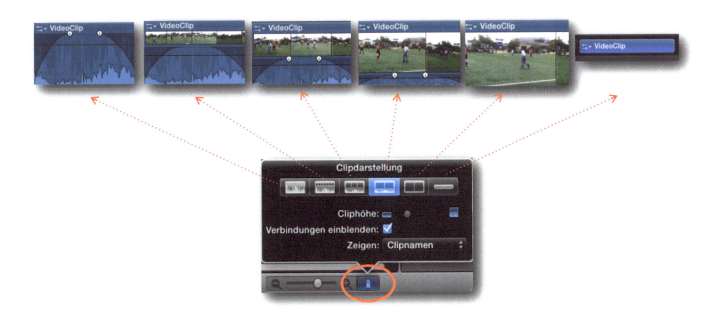

Kontextmenüs

Beide, Ereignisclips im Ereignis-Browser und Timelineclips im Projekt haben unterschiedliche Kontextmenüs (ctr+Klick oder Rechtsklick)

Die meisten der Befehle sind erweiterte Funktionen, die ich in meinem nächsten Tutorial abdecken möchte, aber ich werde ein paar Befehle schon jetzt abhandeln.

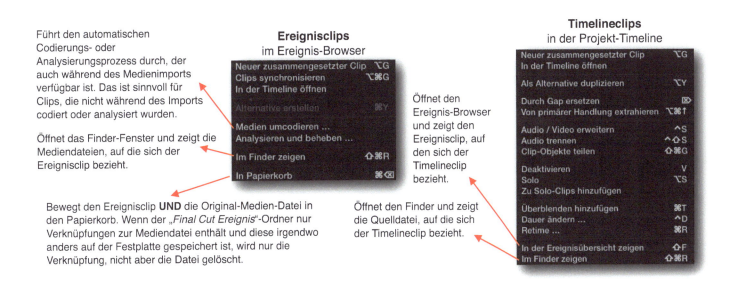

Clips abspielen

FCP X hat zwei Arten von Playheads:

▶ Playhead

FCP X hat nicht nur in der Timeline einen Playhead, es unterstützt auch einen Playhead direkt im Ereignisclip, wenn dieser direkt im Ereignis-Browser wiedergegeben wird. Der Ereignisclip aktualisiert sein Piktogramm, um zu zeigen, auf welchem Frame sich der Playhead gerade befindet. Ebenso wird der Timecode in einem kleinen schwarzen Fenster, das für einen kurzen Moment erscheint, angezeigt.

Der Viewer und das Timecode-Fenster zeigen entweder den Ereignisclip im Ereignis-Browser oder die Timeline an. Um zu sehen, was die aktuelle Quelle ist, überprüfen Sie, worauf der Fokus gerichtet ist. Das ist daran erkennbar, dass der Fensterhintergrund des ausgewählten Fensters (Ereignis-Browser oder Timeline) ein wenig heller ist oder an der Bezeichnung oben links im Viewer.

Beachten Sie, dass der Playhead im Stopp-Modus weiß und im Abspiel-Modus rot ist.

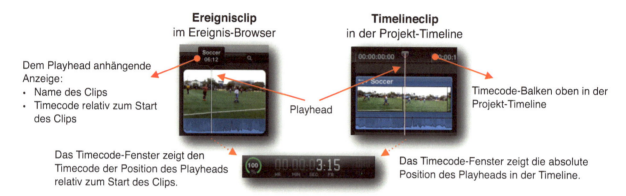

Ereignisclip im Ereignis-Browser · **Timelineclip** in der Projekt-Timeline

Dem Playhead anhängende Anzeige:
- Name des Clips
- Timecode relativ zum Start des Clips

Playhead

Timecode-Balken oben in der Projekt-Timeline

Das Timecode-Fenster zeigt den Timecode der Position des Playheads relativ zum Start des Clips.

Das Timecode-Fenster zeigt die absolute Position des Playheads in der Timeline.

▶ Skimmer

FCP X hat jetzt einen zweiten Playhead, den *Skimmer*. Um ihn sichtbar zu machen, müssen Sie "Überfliegen" aktivieren.

Mit dem Skimming (Überfliegen) können Sie sich sehr schnell durch einen Clip oder die Timeline bewegen. Wenn das „Überfliegen" aktiviert ist, wird jede Bewegung der Maus auf einem Clip oder in der Timeline den Skimmer verschieben. Deswegen ist der Skimmer immer rot. Im Gegensatz dazu wird der der Playhead weiß, wenn er nicht in Aktion ist. Der Skimmer hat eine höhere Priorität als der Playhead. Das Drücken der **Leertaste** startet das Abspielen des Skimmers.

- Ein- und Ausschalten des Skimmers funktioniert mit der Taste oben rechts in der Timeline oder dem Shortcut **S**.
- Wenn er aktiviert ist, erscheint eine rote Überfliegen-Linie (der Skimmer). Er ist an den Mauscursor gehängt, wenn Sie über einen Clip im Ereignis-Browser, einen Filmstreifen in der Projekt-Mediathek oder die Timeline fahren.
- Der Skimmer folgt dem Cursor (Position und Geschwindigkeit), solange Sie die Maus über den Clip bewegen.
- Der Viewer und das Timecode-Fenster zeigen die Position des Skimmers.
- Der Ereignisclip funktioniert mit seinem Piktogramm auch als Mini-Viewer.
- Audio-Skimming kann unabhängig mit der Audio-Überliegen-Taste oder mit **sh+S** ein- und ausgeschaltet werden.
- Das Überfliegen eines Ereignis- oder Timelineclips schaltet den Fokus automatisch zwischen Ereignis und Projekt um.

Skimming   Audio Skimming

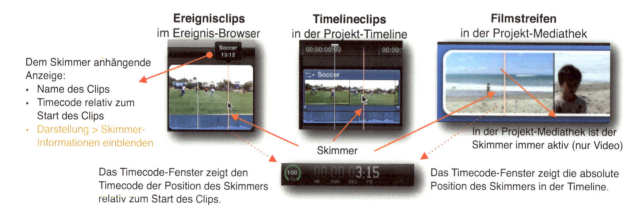

Ereignisclips im Ereignis-Browser · **Timelineclips** in der Projekt-Timeline · **Filmstreifen** in der Projekt-Mediathek

Dem Skimmer anhängende Anzeige:
- Name des Clips
- Timecode relativ zum Start des Clips
- Darstellung > Skimmer-Informationen einblenden

Skimmer

In der Projekt-Mediathek ist der Skimmer immer aktiv (nur Video)

Das Timecode-Fenster zeigt den Timecode der Position des Skimmers relativ zum Start des Clips.

Das Timecode-Fenster zeigt die absolute Position des Skimmers in der Timeline.

Ereignisclip und Subclip

Meist wird nicht der gesamte Ereignisclip in der Timeline benötigt. Wahrscheinlich gibt es Material am Anfang und Ende, das man nicht verwenden kann. Oder es ist ein längerer Clip, in dem verschiedene Szenen oder Takes brauchbar sind und diese an unterschiedlichen Stellen in der Timeline benötigt werden. Legen Sie los und markieren diese Bereiche als "**Subclips**".

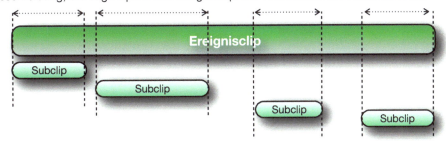

Einen Subclip zu erstellen ist einfach. Wählen Sie einen Bereich im Ereignisclip aus und markieren Sie diesen als Subclip. Am Besten geben Sie ihm einen geeigneten Namen, dann ist es für Sie einfacher, ihn später wiederzufinden. Der Subclip ist eigentlich nur eine Beschreibung, die sagt: Spiele den Ereignisclip von Timecode A bis Timecode B ab.

Definieren eines Bereichs

Bevor Sie einen Subclip aus einem Ereignisclip erstellen, lernen Sie, einen Bereich zu setzen.

Bereich festlegen:

• Wählen Sie einen Ereignisclip aus dem Ereignis-Browser.

• Spielen Sie den Clip ab und schauen Sie ihn sich im Viewer an (oder direkt den Clip, der wie ein Mini-Viewer funktioniert).

• Wenn der Clip die Position erreicht, wo Sie Ihre Auswahl beginnen möchten, drücken Sie die Taste I, um den IN-Point zu markieren.

• Wenn der Clip die Position erreicht, wo Sie Ihre Auswahl beenden möchten, drücken Sie die Taste O, um den OUT-Point zu markieren.

• Ebenso können Sie den Bereich mittels **Klick-ziehen** direkt am Clip vornehmen. Wenn ein Bereich mit gelbem Rahmen ausgewählt ist, können Sie nicht innerhalb des Clips klicken, um einen neuen Punkt zu setzen. Um den Bereich zu verändern, ziehen Sie die seitlichen Griffe des gelben Rahmens.

• Zum Justieren des Bereichs ziehen Sie den linken oder rechten Griff des markierten Bereichs oder machen Sie einen **Doppelklick** auf die Timecode-Anzeige, um die Dauer als numerischen Wert einzugeben. Dabei wird die rechte Grenze des Bereichs verschoben.

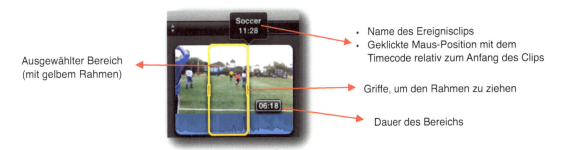

Ausgewählter Bereich (mit gelbem Rahmen)

• Name des Ereignisclips
• Geklickte Maus-Position mit dem Timecode relativ zum Anfang des Clips

Griffe, um den Rahmen zu ziehen

Dauer des Bereichs

Sie können auch den Skimmer benutzen, um den Piktogramm-Clip anzeigen zu lassen und mit I oder O den Bereichsrahmen setzen. Oder drücken Sie X, um den gesamten Clip als Bereich zu markieren. Das funktioniert später auch in der Timeline mit dem zusätzlichen Befehl C, um den Clip und nicht den Bereich auszuwählen.

Wenn wir einen Bereich eines Ereignisclips definiert haben, können wir nun diese Auswahl als Subclip des Ereignisclips markieren. Zusätzliche Subclips können auf diese Art und Weise aus jedem Bereich eines Ereignisclips festgelegt werden.

Drei Arten von Subclips

Jetzt werden wir uns das erste Mal Metadata und die dazugehörigen Konzepte anschauen. Ich habe das noch nicht im Kapitel über Ereignisse erörtert, aber an dieser Stelle möchte ich näher darauf eingehen. Es kann sein, dass das neue Konzept in FCP X mit Ereignissen und Schlagwörtern, Bewertungen, intelligenten Sammlungen etc. von einigen Cuttern erstmal nicht gemocht wird. Vielleicht haben sie noch nicht realisiert, dass in FCP X ein Konzept des „Digital Asset Management" (DAM), also eine digitale Medienverwaltung integriert ist. Dieses Konzept wird in gigantischen Datenbanken für die effiziente Verwaltung genutzt. Obwohl es hauptsächlich in den Systemen großer Firmen (Banken, Versicherungen, Produktionsfirmen) zum Einsatz kommt, wird es mit seinen Bewertungen und intelligenten Sammlungen auch in kleineren Systemen wie iTunes und iPhoto verwendet. Sogar der Finder mit seinen intelligenten Ordnern und die Suchfunktion Spotlight benutzen diese Art der Medienverwaltung immer, wenn wir unsere wachsenden Datensammlungen (Dateien, Fotos, Songs etc.) verwalten. Lassen Sie mich versuchen, Ihnen das alte und das neue FCP unter diesem Aspekt zu erklären:

Altes FCP-Konzept	**Neues FCP X Konzept**
Sie sind damit betraut, Ihre Clips manuell zu verwalten. Das lässt Ihnen die ultimative Flexibilität, Ihre Dateien zu managen. Dieser Verwaltungsprozess kann aber sehr übermächtig werden, wenn sich die Anzahl der Dateien erhöht und das Ziel, schnell den richtigen Clip zu finden, gefährdet ist.	Sie sind damit betraut, Ihre Clips mit Metadata zu beschreiben. FCP X findet die Clips dann automatisch anhand dieser Beschreibungen und Suchanfragen. Das setzt ein Verständnis für das Daten-Management voraus, was für den Einen oder Anderen ungewohnt ist. Es bedeutet auch „loslassen" und dem System vertrauen. Sie gehen nicht mehr selber zu einem bestimmten Ordner, weil Sie wissen dass Sie dort die gesuchten Clips abgelegt haben. Stattdessen rufen Sie Ihre intelligenten Sammlungen auf, wo das System Clips, basierend auf Ihren Metadaten und der Suchanfrage anzeigt. Wenn es richtig genutzt wird, ist dieses System extrem schnell und flexibel. Aber es setzt ein Umdenken für den Cutter voraus.

Lassen Sie uns ein wenig in das Gebiet der Metadaten eintauchen.

FCP X nutzt drei Arten von Subclips. Obwohl ihr Konzept gleich ist (sie markieren einen Ausschnitt eines Ereignisclips), sind sie in ihrer Benutzung unterschiedlich. Die drei Arten sind ähnlich wie drei Kategorien von Metadaten, abhängig von den Feldern in einer Datenbank. („Marker" entsprechen der vierten Kategorie, aber sie beschreiben nur ein einzelnes Bild, aber keinen Subclip.)

- **Analyse**: Diese Art von Metadaten wird automatisch in FCP X erstellt. Es analysiert die Mediendatei und schaut nach speziellen Merkmalen wie verwackelten Bildern (und ob das Material verwendbar ist). Oder es kann erkennen, ob Close Ups von einer, zwei oder mehreren Personen im Bild sind. Stellen Sie sich vor, Sie haben zwei Stunden Rohmaterial importiert. Jetzt können Sie sich mit einem Klick alle Szenen mit zwei Personen zeigen lassen. Sie müssen also nicht mehr das gesamte Rohmaterial sichten, Notizen machen und in Ordner wegsortieren. Wenn ein Ereignisclip eines der Attribute hat, dann erstellt FCP X automatisch einen dynamischen intelligenten Ordner für jedes Attribut in der Ereignis-Mediathek innerhalb dieses Ereignisses.

- **Schlagwort**: Dies ist eine einfache Form der Metadata. Sie erstellen Subclips und kennzeichnen sie mit eigenen Schlagwörtern (ein Wort oder eine Wortverbindung). Auf diese Weise können bestimmte Szenen (z. B. Indoor, Autofahrt, wolkiger Tag) mit dem gleichen Schlagwort markiert werden. Im Ereignis-Browser kann man sehen, ob ein Ereignisclip einen dieser Subclips enthält. FCP X erstellt eine dynamische Schlagwort-Sammlung für jedes individuelle Attribut in der Ereignis-Mediathek dieses Ereignisses. Nun können Sie mit einem Klick alle Indoor-Subclips oder Autofahrt-Subclips für eine schnelle Auswahl sehen. Schlagwort-Subclips haben ein blaues Schlüsselsymbol im Ereignis-Browser.

- **Wertung:** Momentan ist dies ein duales Metatag. Sie können einen Bereich als **Favorit** oder **Abgelehnt** markieren. Auf diese Weise können Sie später alle favoritisierten Szenen auswählen oder alle abgelehnten Szenen (verwackeltes Bild, Outtakes etc.) ausblenden. Wichtig ist es dabei zu wissen, dass Sie bewertete Subclips umbenennen können. So können Sie sich eine eigene intelligente Sammlung in der Ereignis-Mediathek anlegen, die Wertungen enthält.

Subclips erstellen

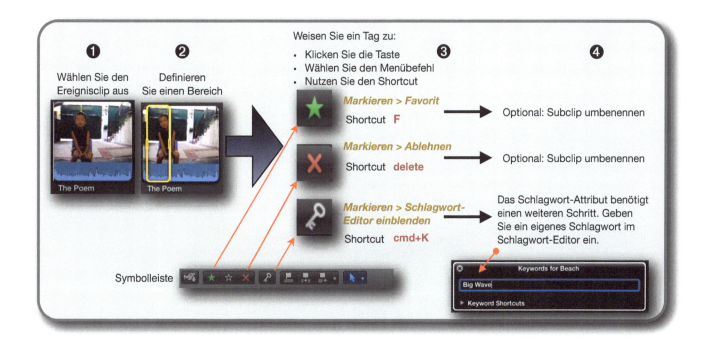

Der Bereich, der mit Tags versehen ist, hat eine farbige Balken-Anzeige am oberen Rand.

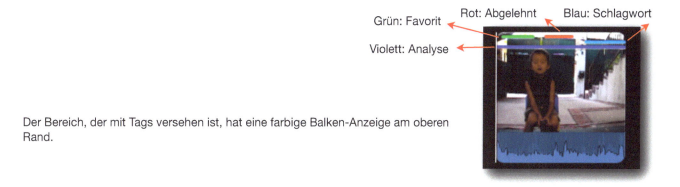

Alle Subclips sind im Ereignis-Browser innerhalb des Ereignisclips gelistet (mit einem kleinen Dreieck zum Öffnen wie im Finder)

Wenn Sie einen der Subclips auswählen, markiert ein weißer Rahmen den Bereich. Er zeigt die Länge des Subclips in Bezug auf die Dauer des gesamten Ereignisclips.

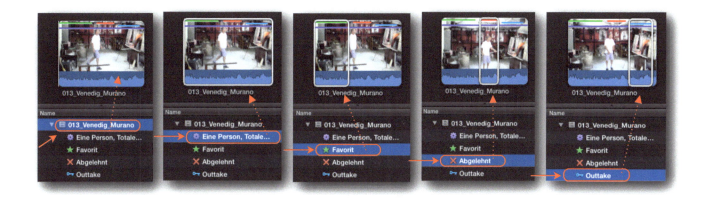

Schlagwort-Editor

Die Schlüssel-Taste in der Symbolleiste ist ein An-/Ausschalter für den Schlagwort-Editor. Wenn der Schlüssel grau ist, ist der Editor geschlossen. Wenn Sie darauf klicken, wird der Schlüssel blau und der Schlagwort-Editor ist geöffnet.

Schlagwort-Editor ist geschlossen
Zum Öffnen klicken

Schlagwort-Editor ist geöffnet
Zum Schließen klicken

Schlagwort-Kurzbefehle

Der Schlagwort-Editor hat ein kleines Dreieck, welches die Schlagwort-Kurzbefehle einblendet.

Sie können bis zu insgesamt neun Schlagwort-Kurzbefehle auf Shortcuts legen. Das nächste Mal, wenn Sie danach einem Subclip ein Schlagwort zuweisen wollen, brauchen Sie nur noch den Bereich im Ereignisclip auszuwählen und dann den entsprechenden Shortcut einzugeben, um diesen Bereich zu verschlagworten. Es ist nicht mehr notwendig, den Schlagwort-Editor zu öffnen und das Schlagwort einzutippen.

Entfernen/Umwandeln von Tags

• Analyse-Tags entfernen

Ctr+Klick oder **rechte Maustaste** auf die Analyse-Schlagwörter öffnet das Kontextmenü "*Entfernen von Analyse Schlagwörtern*".

Ebenso können Sie die weiteren Befehle sehen um den Subclip als Favorit oder Abgelehnt zu bezeichnen.

• Wertungs-Tags entfernen

Ctr+klick oder **rechte Maustaste** auf das Favorit- oder Abgelehnt-Attribut öffnet das Kontextmenü. Hier wählen Sie "*Markierung aufheben*".

Ebenso können Sie aus einem favoritisierten Subclip einen abgelehnten Subclip (oder umgekehrt) machen. Nutzen Sie hierzu die Sterne in der Symbolleiste. Grüner Stern für Favorit, grauer Stern für unmarkiert (neutral), rotes X für abgelehnt.

• Schlagwort entfernen

Ctr+klick oder **rechte Maustaste** auf das Schlagwort-Tag im Ereignis-Browser öffnet das dazugehörige Kontext-Menü. Hier können alle Schlagwörter entfernt werden. Das bezieht sich nur auf die Schlagwörter in diesem Subclip, aber nicht auf alle Schlagwörter des gesamten Ereignisclips.

Ebenso können Sie in diesem Kontext-Menü Subclips als Favorit oder Abgelehnt markieren.

Wenn Sie den Menübefehl *Markieren > Alle Schlagwörter entfernen* auswählen, dann ist es möglich, den gesamten Clip auszuwählen und alle Schlagwörter, oder nur die Schlagwörter des ausgewählten Subclips zu entfernen.

Eine Schlagwort-Auswahl im Ereignis-Browser zeigt das Schlagwort im Schlagwort-Editor, wenn dieser sichtbar ist. Nun können Sie mit der Taste **Entfernen** individuelle Schlagwörter entfernen, wenn die Auswahl mehr als ein Schlagwort zeigt.

Die Schlagwort-Sammlung in der Ereignis-Mediathek wird nicht entfernt, wenn Sie ein Schlagwort von einem Clip entfernen. Diese Sammlung kann nur manuell über das entsprechende Kontext-Menü entfernt werden.

Marker

Es gibt drei unterschiedliche Arten von Markern:

Marker können angefügt sein an ein:

Ereignisclip

Marker können zu Ereignisclips gehören. Sie sind an der oberen Kante des Clips sichtbar und ebenso in der Listendarstellung des Clips zusammen mit anderen Metatags.

Marker können zu Timelineclips gehören. Sie sind an der oberen Kante des Clips sichtbar und im Timeline-Index zusammen mit anderen Metatags gelistet. Wenn ein Ereignisclip in die Timeline bewegt wird, nimmt er seine Marker mit.

Marker **können nicht** direkt in der Timeline gesetzt werden wie in vorhergehende FCP-Versionen.

Tipp: Erstellen Sie einen Platzhalter-Clip, der mit dem ersten Frame der primären Handlung verbunden ist und verlängern Sie ihn bis zum letzten Frame der Timeline. Auf diesem "Pseudo Timelineclip" können Sie nun Marker setzen.

Ein Vielfalt von Befehlen lässt Sie Marker mittels Shortcuts, Menübefehlen und Kontextmenüs verwalten.

- **Erstellen** eines Markers: Klicken Sie **M**, um einen Marker an der Playhead/Skimmer-Position zu erstellen.
- Marker erstellen und modifizieren: **alt+M** erstellt den Marker, stoppt das Abspielen und öffnet das Marker-Fenster.
- **Modifizieren** eines Markers: **Doppelklick** auf den Marker (auf dem Clip oder in der Liste) oder **M** erneut drücken, wenn der Playhead auf dem Marker liegt.
- **Entfernen** von Markern: einzelner Marker mit **ctr+m** oder alle Marker in einer Auswahl mit **alt+ctr+m**
- **Verschieben von** Markern: Marker können frameweise mit **ctr+,** nach links und **ctr+.** nach rechts verschoben werden (bei Audio-Dateien in Subframes)
- **Copy-Paste**: Nutzen Sie den Ausschneiden- oder Kopieren-Befehl aus dem Kontextmenü und **cmd+V**, um den Marker an der Playhead-Position einzufügen.

Kontextmenü

Marker schneiden
Marker kopieren

Marker ändern
Aufgabe
Abgeschlossen

Marker löschen

Menübefehl
Markieren > Marker

Neuer Marker	M
Marker hinzufügen und ändern	⌥M
Marker ändern	⇧M
Marker nach links schieben	^,
Marker nach rechts schieben	^.
Marker löschen	^M
Marker in Auswahl löschen	^⇧M

Marker-Fenster

Im Marker-Fenster können Sie den Namen eingeben und den Status ändern. Es zeigt außerdem den Timecode der Position und gibt die Möglichkeit, ihn zu entfernen. Die Einstellungen beziehen sich auf die Art des Markers.

Ein **Regulärer** Marker öffnet dieses Marker-Fenster -->

Ein **Aufgaben**-Marker öffnet dieses Marker-Fenster -->

Ein **Erledigte Aufgabe**-Marker öffnet dieses Marker-Fenster -->

Editing

Platzieren eines Clips

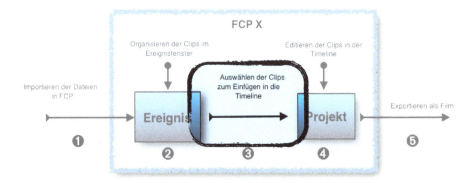

Jetzt, wo wir unser Rohmaterial als Clips im Ereignis organisiert haben, kommen wir zum nächsten Level und platzieren die Clips in der Timeline um das Video zu erstellen. Dabei müssen wir uns vier fundamentale Fragen stellen:

Welche   **Welche** Clip(s) aus dem Ereignis-Browser wollen wir in der Timeline platzieren?

Wie   **Wie** bewegen wir den Clip, mit welchem Befehl oder welcher Aktion?

Wo   **Wo** soll der Clip in der Timeline platziert werden?

Konsequenzen   Was sind die **Konsequenzen** für in der Timeline existierende Clips?

➡ **Welchen** Clip auswählen?

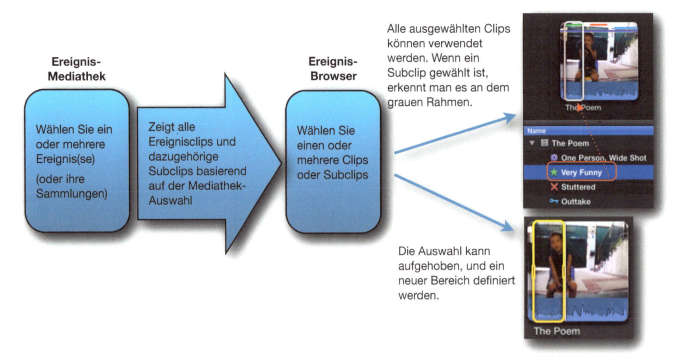

→ Wie platziert man einen Clip?

Video und/oder Audio

Egal, welche Methode benutzt wird, um einen Clip vom Ereignis-Browser in die Projekt-Timeline zu verschieben, sollte man folgende Auswahlmöglichkeiten beachten:

- **Alle**: Der gesamte Clip, Video und Audio
- **Nur Video**: Nur der Video-Teil des Clips
- **Nur Audio**: Nur der Audio-Teil des Clips

> Bedenken Sie, dass Sie einen Clip (oder Subclip) bewegen, aber nicht seinen individuellen Inhalt, denn Sie haben schon entschieden, was darin ist. Einen Video+Audio-Clip (AV-Clip) mit reinem Audio zu überschreiben, führt dazu, dass beides überschrieben wird, in diesem Fall mit Schwarzbild.

Egal, welche Methode benutzt wird, um den Clip in die Timeline zu bringen, es führt den Vorgang mit dem gesetzten Filter aus. Der Filter kann auf drei Arten festgelegt werden. (Dieser Filter wird nicht angewendet, wenn der Clip aus dem Media-Browser oder dem Finder bewegt wird.)

1. Nutzen Sie einen Shortcut: Alles **alt+1**, nur Video **alt+2**, nur Audio **alt+3**
2. Wählen Sie einen Menü-Befehl: *Bearbeiten > Ausgangsmedien >*
3. Klicken Sie auf das "Dreieck" im Dashboard und wählen Sie im Popup-Menü aus

Beachten Sie folgendes Detail:

Die Buttons ändern ihr Erscheinungsbild abhängig von der Filtereinstellung. Es entspricht der Farbkodierung für Clips in Final Cut Pro X: Video = blau und Audio = grün

Video + Audio   Nur Video   Nur Audio

Zwei Arten des Bewegens:

Es gibt zwei grundlegende Methoden, um Clips oder Subclips vom Media-Browser in die Timeline zu bewegen:

- **Tastaturbefehle**: Man kann zwischen verschiedenen Shortcuts wählen, um den gewünschten Clip vom Ereignis-Browser direkt in die Projekt-Timeline zu übertragen.
- **Drag-Drop**: Mit der Maus kann ein Clip direkt in die Projekt-Timeline geschoben werden.

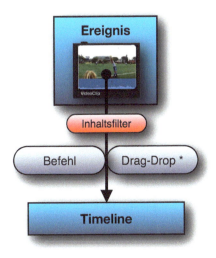

* Medien können auch aus dem Medien-Browser oder direkt aus dem Finder in der Timeline platziert werden. Sie werden automatisch dem aktuellen Projekt hinzugefügt.

Wie funktioniert das Editing?

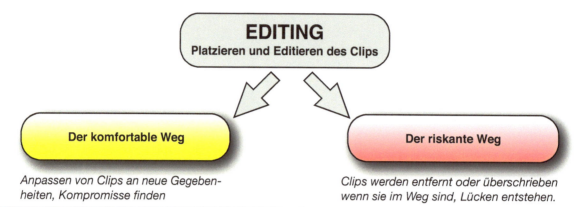

Anpassen von Clips an neue Gegeben-
heiten, Kompromisse finden

Clips werden entfernt oder überschrieben
wenn sie im Weg sind, Lücken entstehen.

Dies ist die Standardeinstellung, wenn Clips in der Timeline platziert oder editiert werden. Existierende Clips rutschen aus dem Weg wenn neue Clips eingefügt werden. Lücken schließen sich automatisch wenn vorhandene Clips entfernt werden, der Rest wird nach links bewegt. Hierdurch wird garantiert, dass die Clips in der Timeline verbunden bleiben. Das ist die neue "*Magnetic Timeline*".	Das ist die Ausnahme in FCP X beim Platzieren oder Editieren von Clips in der Timeline. Hier ÜBERSCHREIBEN die platzierten Clips alles, egal, ob dort schon ein Clip liegt oder nicht. Auch beim Löschen von Clips wird die Lücke in der Timeline nicht geschlossen, stattdessen entsteht ein Lücken-Clip. In der Timeline wird nichts verschoben. Manchmal ist es genau das, was man braucht.

▶ **Tastaturbefehle benutzen**

Also wie viele verschiedene Befehle gibt es, um einen Clip in der Timeline zu platzieren? Es hängt davon ab, wie Sie zählen.

- Da sind vier Hauptmethoden: **Verbinden - Einfügen - Hinzufügen - Überschreiben**

- Drei dieser Methoden haben"Variationen": **Rückwärtige Verbindung - Rückwärtiges Einfügen - Rückwärtiges Überschreiben**

- An der Spitze stehen drei Wege, um ein Kommando auszuführen:

  - Wählen Sie einen Menübefehl

  - Klicken Sie auf eine Taste im Dashboard

  - Benutzen Sie einen Shortcut

    (Egal, welche Methode benutzt wird, der Befehl hängt immer von dem ausgewählten Filter ab.)

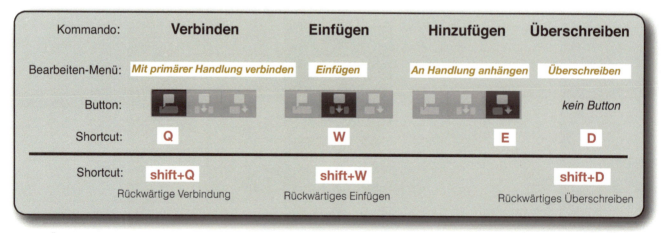

Der „Überschreiben"-Befehl entspricht dem „riskanten Weg". Deshalb gibt es hierfür keine eigene Taste sondern nur einen Shortcut.

▶ Drag-and-Drop benutzen

Anstatt Clips im Ereignis-Browser auszuwählen und einen Befehl auszuführen, kann auch die Maus genutzt werden, um den Clip direkt in der Timeline zu platzieren. Jetzt kann exakt das Element gewählt werden, welches benötigt wird.

1. Wählen Sie einen (oder mehrere) Clips im Ereignis-Browser und schieben Sie ihn mit gedrückter Maustaste in die Timeline. Wenn mehr als ein Clip ausgewählt sind, werden die zusätzlichen Clips auch bewegt. Während des Schiebens kann man die Namen aller zu bewegenden Clips sehen.

2. Wenn die Auswahl innerhalb eines Clips mit einem weißen Rahmen versehen ist, können Sie innerhalb dieses Rahmens klicken, um den ausgewählten Bereich zu verschieben. (Der Rahmen wird zu einer gelben Bereichsauswahl).

3. Auch können Sie sofort einen Bereich auswählen und diesen in die Timeline ziehen (gelber Rahmen).

Ereignis-Browser	**Ereignis-Browser**	**Ereignis-Browser**

1) Ziehen Sie das Element aus der der Liste.	2) Ziehen Sie den Subclip in die Timeline.	3) Ziehen Sie nur einen gewählten Bereich.

Drag-and-Drop (nicht aus dem Ereignis-Browser)

Der normale Weg in FCP X ist, erst die Medien in das Ereignis zu importieren und anschließend von hier aus in der Timeline zu platzieren. Aber es gibt noch zwei weitere Wege wie wir schon beim Import Kapitel gesehen haben:

• Ziehen Sie die Clips aus dem Ereignis-Browser in die Timeline.

• Ziehen Sie die Clips direkt aus dem Finder in die Timeline.

Es scheint, als wenn der letzte Weg die FCP-Regeln verletzt. Aber bei dieser Vorgehensweise werden die Dateien automatisch dem aktuellen FCP X-Ereignis hinzugefügt.

➡ Wo sollen die Clips platziert werden

Nun haben wir all diese unterschiedlichen Wege, um die Clips in die Timeline zu bewegen. Die Frage ist nun, wo exakt in der Timeline der Clip positioniert werden soll.

▶ Befehle benutzen

Es gibt zwei mögliche Zielpositionen in der Timeline, um einen neuen Clip zu platzieren: Playhead/Skimmer oder Bereich (3-Punkt-Schnitt).

Playhead (oder Skimmer)	**Ausgewählter Bereich**

Es wird der gesamte Clip aus dem Ereignis-Browser am Playhead platziert. Wenn der Skimmer sichtbar ist, hat dessen Position den Vorrang.	Nur soviel des Ursprungsclips aus dem Ereignis-Browser wird verwendet, wie nötig ist, um den ausgewählten Bereich in der Timeline auszufüllen. Der ausgewählte Bereich kann einen oder mehrere Clips beinhalten.

Dieses Beispiel zeigt die unterschiedlichen Platzierungen des Clips wenn die regulären Befehle (Verbinden, Einfügen, Überschreiben) oder deren rückwärtigen Variationen genutzt werden.

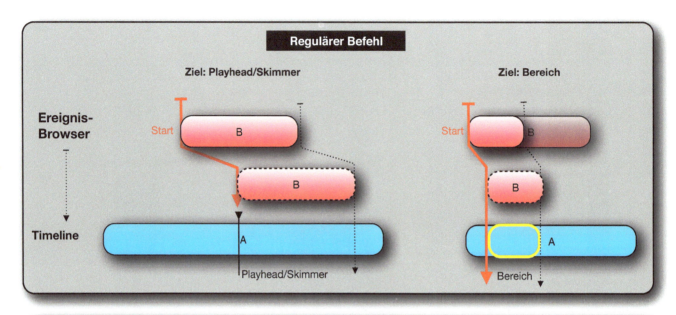

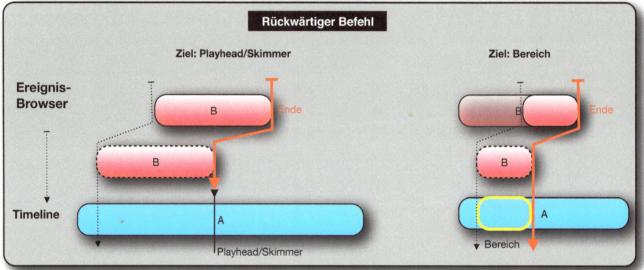

Es gibt eine Besonderheit der Playhead-Position:

➡ Die Postion des Playheads wird ignoriert, wenn der Befehl „Anfügen" verwendet wird. Der neue Clip wird an den letzten Clip in der Timeline (primären Handlung) angehängt, egal wo sich der Playhead befindet.

▶ **Drag-and-Drop benutzen**

Wenn Sie Drag-and-Drop benutzen, um den Clip vom Ereignis-Browser in die Timeline zu bewegen, dann legt die Position des Cursors fest, wo genau das Ziel in der Timeline ist. Playhead/Skimmer oder ein ausgewählter Bereich werden ignoriert.

Wir haben viele Wege gesehen, um Clips aus dem Ereignis-Browser in der Projekt-Timeline zu platzieren. Nun lassen Sie uns die verschiedenen „Konsequenzen" in der Timeline betrachten. Sie müssen beachten, was mit existierenden Clips in der Timeline geschieht und wie sie auf den „Eindringling" reagieren.

Diese Auswirkungen sind unterschiedlich, je nachdem, ob man Befehle oder Drag-and-Drop anwendet.

▶ **Befehle nutzen**

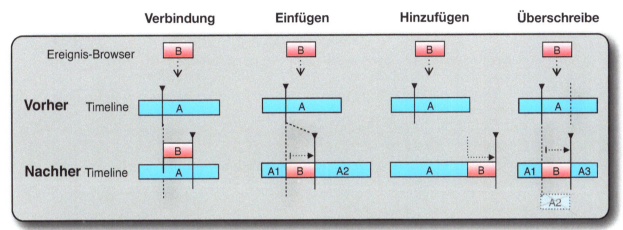

Verbindung	Einfügen	Hinzufügen	Überschreibe
Der neue Clip (B) wird mit der primären Handlung am Playhead verbunden. Dieser bewegt sich an das Ende des neuen Clips. (In den Voreinstellungen von FCP X finden Sie die Option *Abspielposition nach Bearbeitungsvorgang*).	Der in der Timeline liegende Clip (A) wird an der Position des Playheads zerschnitten und der neue Clip (B) fügt sich ein. Dabei wird der Rest von Clip A nach rechts bewegt. Alle weiteren Clips hinter A2 werden ebenfalls nach rechts verschoben.	Der neue Clip (B) wird an das Ende des LETZTEN Clips in der primären Handlung (Timeline) angehängt. Die Position des Playheads ist dabei unerheblich.	Der neue Clip (B) überschreibt den vorhandenen Clip an der Position des Playheads. Wenn Clip B länger als Clip A ist, dann wird auch der benötigte Bereich des folgenden Clips in der Timeline überschrieben.

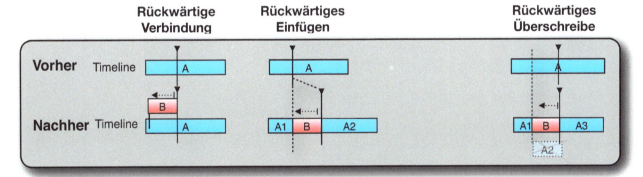

➡ Wenn der Playhead ein Stück hinter dem letzten Clip in der Timeline liegt, fügt FCP X einen „Gap-Clip" (Lückenclip) ein, bevor der neue Clip platziert wird. Dies gilt nicht für den Hinzufügen-Befehl.

Standbilder nutzen

Bei Standbildern, die keine Dauer haben, wird ein Timelineclip mit der in den Einstellungen von FCP X festgelegten Dauer erstellt.
Die Standard-Dauer liegt bei vier Sekunden, kann aber jederzeit geändert werden.

Einstellungen > Bearbeitung

Einzelbilder: Standard-Länge ist ▼ 4,00 ▲ Sekunden

▶ **Drag-and-Drop nutzen**

Auch hier gibt es wieder zwei unterschiedliche Ergebnisse beim Anwenden von Drag-and-Drop mit der Maus. Diese sind abhängig davon, welches Werkzeug benutzt wird, wenn der Clip in die Timeline verschoben wird. Wählen Sie die Werkzeugleiste im Dashboard aus, um im Popup-Menü ein Werkzeug zu aktivieren.

Der riskante Weg

1. Wenn das **Positions**-Werkzeug ausgewählt ist:

   Es ist das einfachste Werkzeug. An der Stelle, an der Sie den Clip in der Timeline fallen lassen, wird er exakt platziert. Wenn schon etwas an dieser Stelle liegt, wird es überschrieben.

   - Wenn der Clip ein Stück hinter den letzten Clip in der Timeline gelegt wird, dann wird ein Lückenclip erstellt, der den nicht genutzten Bereich ausfüllt.

   - Wenn der Clip auf einen existierenden Clip geschoben wird, wird dieser mit der Dauer des neuen Clips überschrieben (**Überschreiben**-Funktion).

   - Wenn der Clip über oder unter einen existierenden Clip geschoben wird, dann wird der neue Clip zu einem verbundenen Clip (**Verbinden**-Funktion).

2. Wenn das **Auswahl**-Werkzeug aktiviert ist (oder irgend ein anderes Werkzeug):

   ▶ Auswahl   A

Der komfortable Weg

   Jetzt bewegen sich die vorhandenen Clips und machen Platz oder schließen auf, um mögliche Lücken zu vermeiden (Magnetische Timeline)

   - Wenn ein Clip hinter den letzten Clip in der Timeline geschoben wird, hängt er sich direkt hinten an. Es ist nicht möglich, aus- versehen eine Lücke zu erstellen (**Hinzufügen**-Funktion).

   - Wenn der Clip zwischen zwei vorhandene Clips in die Timeline geschoben wird, dann wird der rechte Clip (und alle folgenden) weiter nach rechts bewegt, um Platz für den neuen Clip zu machen. Alles bleibt verbunden, um sicherzustellen, dass keine Lücken entstehen (**Einfügen**-Funktion).

   - Es ist nicht möglich, einen in der Timeline liegenden Clip mittels Drag-und-Drop zu zerteilen. Dafür muss der Einfügen-Befehl in Verbindung mit der Position des Playheads verwendet werden.

   - Wenn ein Clip auf einem bestehenden platziert wird, wird der Clip heller und ein Popup-Menü mit den folgenden drei Optionen erscheint:

   1. **Ersetzen**
      Ersetzt den vorhandenen Clip durch den neuen. Der Rest der Sequenz wird zum Anpassen an die neue Länge verschoben, der Inhalt der Timeline wird insgesamt kürzer oder länger, abhängig von der Dauer des neuen Clips.

   2. **Vom Anfang ersetzen**

      - Wenn der neue Clip länger ist als der vorhandene:
        Ersetzt den vorhandenen Clip mit dem Material des neuen Clips, beginnend mit dem ersten Frame bis zur Länge des vorhandenen Clips, um sicherzustellen, dass sich die Gesamtlänge der Sequenz nicht ändert.

      - Wenn der neue Clip kürzer ist als der vorhandene:
        Eine Warnung erscheint, die darauf hinweist, dass der Clip nicht lang genug ist, um den vorhandenen zu ersetzen und dass die Sequenz dementsprechend gekürzt wird.

   3. **Vom Ende ersetzen**

      - Wenn der neue Clip länger ist als der vorhandene:
        Ersetzt den vorhandenen Clip mit dem Material des neuen Clips, beginnend mit dem letzten Frame bis zur Länge des vorhandenen Clips, um sicherzustellen, dass sich die Gesamtlänge der Sequenz nicht ändert.

      - Wenn der neue Clip kürzer ist als der vorhandene:
        Eine Warnung erscheint, die darauf hinweist, dass der Clip nicht lang genug ist, um den vorhandenen zu ersetzen und die Sequenz dementsprechend gekürzt wird.

Trimmen eines Clips

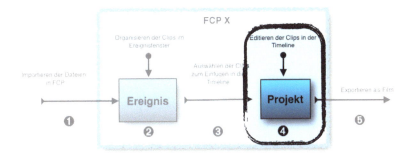

Grundlagen

Wenn die meisten Clips vom Ereignis-Browser in die Timeline bewegt worden sind, kommt der nächste Schritt, das Trimmen in der Timeline. Natürlich können der Timeline jederzeit neue Clips aus dem Ereignis-Browser (oder dem Finder) hinzugefügt werden.

Zusammenhängend bleiben

Das normale Verhalten von Clips in der Timeline ist, dass benachbarte Clips in der primären Handlung immer direkt aneinander hängen, ohne eine Lücke zu hinterlassen. Jede Veränderung, die in der primären Handlung gemacht wird und sich auf deren Länge auswirkt (verlängern, verkürzen, einfügen, entfernen) wird automatisch von FCP X kompensiert, indem es Material bewegt. Manchmal braucht man aber eine Lücke zwischen zwei Clips. Für diesen Vorgang gibt es zwei spezielle Arten von „Fake"-Clips.

- **Gap/Lücke**: Das ist nur ein schwarzer Clip in der Timeline. FCP X erstellt diesen Gap-Clip unter bestimmten Umständen automatisch oder er kann manuell mit dem Menü-Befehl *Bearbeiten > Gap einfügen* bzw. dem Shortcut **opt+W** eingefügt werden. Der Viewer zeigt einen schwarzen Hintergrund oder einen anderen in den FCP X-Einstellungen ausgewählten (weiß oder Schachbrettmuster)

Einstellungen > Hintergrund

- **Platzhalter:** Ein Platzhalter-Clip ist vergleichbar mit einem Gap-Clip, hat aber differenzierte Einstellungsmöglichkeiten im Inspektor, um anzuzeigen, wofür dieser Fake-Clip steht (z.B. Totale, Close Up, Tag, Nacht etc.). Er wird mit dem Menübefehl *Bearbeiten > Platzhalter einfügen* oder dem Shortcut **opt+cmd+W** erstellt.

Gap- und Platzhalter-Clips können benannt werden und Schlagworte enthalten. Sie werden im Projekt-Index wie jeder andere Clip gezeigt.

Gap-Clip	Platzhalter-Clip

Bearbeitungs-Werkzeuge:

Hier eine Liste der verschiedenen Werkzeuge. Diese können mit Shortcuts oder über das Popup-Menü im Dashboard ausgewählt werden. Es gibt eine nette "temporäre Eigenschaft". Anstatt vorwärts und rückwärts durch die Werkzeuge zu wechseln, kann der entsprechende Shortcut zwischendurch gehalten werden, wenn ein Vorgang ausgeführt werden soll, der ein bestimmtes Werkzeug verlangt. Wenn die Taste wider losgelassen wird, ist man wieder im zuvor ausgewählten Werkzeug.

- **Auswahl**: Standard-Werkzeug für Auswahl, einschließlich Länge ändern
- **Trimmen**: Für die meisten Trimm-Funktionen

- **Position**: Bewegt oder trimmt den Clip, einschließlich Länge ändern
- **Bereichsauswahl**: Wählt einen Clip-Bereich, ist auch über mehrere Clips anwendbar.
- **Schneiden**: Funktioniert wie eine Rasierklinge, um Clips zu zerschneiden.
- **Zoomen**: Vergrößern (ziehen) and Verkleinern (opt+ziehen) der Timeline. Ebenso können Klick und opt+Klick verwendet werden.
- **Hand**: Schiebt die Timeline wie ein Scrollbalken.

Einrasten

Mit dem Einrasten-Modus rasten Objekte, Grenzen oder der Playhead beim Bewegen an wichtigen Stellen (Start und Ende von Objekten, Playhead, Marker) ein.

Diese Funktion lässt sich mit der Taste oben rechts in der Timeline, dem Befehl *Darstellung > Einrasten* oder dem Shortcut **N** ein- und ausschalten (an/aus-Funktion).

Feinschnitt / Trimmen

Mit **Cmd+ziehen** mit der Maus während einer Bewegungs-Aktion wechselt sie in eine feinere Einstellung, Bewegung findet in Frames anstatt Sekunden statt.

Ein schwarzes Info-Fenster oben am Schnittpunkt zeigt den Zeitversatz der Bewegung. Das Fenster ist „platzbewusst" - wenn also nur um ein paar Frames verschoben wird, zeigt es nur die Frames, aber nicht den gesamten SMPTE-Timecode mit diversen Stellen und Doppelpunkten. Wenn Subframes erlaubt sind (Einstellungen > Bearbeitung > Zeitdarstellung), werden auch diese angezeigt.

Nur Frames	Sekunden : Frames	Sekunden : Frames . Subframes

Geteilter Bildschirm

Wenn die Option "Detailliertes Trimming-Feedback einblenden" in *Einstellungen > Bearbeitung* aktiviert ist, wird der Viewer beim Trimmen mit der Maus in zwei Hälften geteilt. Der linke Teil zeigt den letzten Frame des linken Clips und der rechte Teil zeigt den ersten Frame des rechten Clips am Schnitt.

Viewer

Letzter Frame des linken Clips   Erster Frame des rechten Clips

Sie können die **alt**-Taste während des Trimmens drücken, um diese Funktion ein- und auszuschalten, das bedeutet, sie lassen den geteilten Bildschirm als Standard und schalten es nur bei Bedarf aus.

Bereichsauswahl

Beachten Sie bitte den Unterschied zwischen Clip-Auswahl (gesamter Clip) und Bereichsauswahl (ein Bereich innerhalb eines Clips).

Clip-Auswahl   **Bereichsauswahl**

Gelber Rahmen bei Clip-Auswahl

Drücken Sie **C**, wenn die Maus über dem Clip ist, um diesen auszuwählen.

Gelber Rahmen mit abgerundeten Ecken und Anfassern an der Seite für den Bereich

Drücken Sie **X**, wenn die Maus über dem Clip liegt, um den gesamten Clip als Bereich auszuwählen. Der Cursor wechselt zum Bereichs-Werkzeug (funktioniert auch im Ereignis-Browser).

Trimming-Techniken mit Bearbeitungspunkten (Edit-Points)

Es gibt ein paar Trimming-Techniken, die von den meisten Video-Schnitt-Programmen genutzt werden. Sie basieren darauf, welcher Teil eines Clips getrimmt wird und wie sich das auf die umgebenden Clips auswirkt.

Die gelben Klammern zeigen die Edit-Points, also die zu bearbeitenden Punkte eines Clips.

Länge ändern links	Länge ändern rechts	Schnitt verschieben	Clipinhalt verschieben	Clip verschieben

- **Länge ändern (Ripple)**: Sie verkürzen oder verlängern ein Ende des Clips (links oder rechts) während die Nachbarclips verbunden bleiben. Diese bewegen sich in der Timeline nach links oder rechts um den Zeitunterschied auszugleichen. Der Rest der Sequenz verschiebt sich. Das funktioniert nicht mit dem Positionswerkzeug.

- **Schnitt verschieben (Roll)**: Der Schnitt zwischen zwei benachbarten Clips wird verschoben. Während der eine Clip verlängert wird, verkürzt sich der andere Clip um die gleiche Zeit oder umgekehrt. Umliegende Clips werden nicht verändert, die Gesamtlänge in der Timeline bleibt unberührt.

- **Clipinhalt verschieben (Slip)**: Hierbei wird nicht der Clip, sondern dessen Inhalt verschoben, die Länge bleibt dabei unberührt. Das bedeutet, dass ein anderer Ausschnitt des Materials gezeigt wird, der Abstand zwischen Anfang und Ende bleibt aber gleich.
  Dieser Vorgang benötigt entsprechend Material außerhalb des aktuell sichtbaren Bereichs (Fleisch).

- **Clip verschieben (Slide)**: Diesmal bleibt der zu verschiebende Clip unverändert (Anfang, Ende, Dauer), aber Sie bewegen ihn in der Timeline nach rechts oder links. Dabei werden die Clips links und rechts daneben verkürzt und verlängert.

Ende des Bereichs:

Der gelbe Edit-Point wird zu einer roten Grenze, um zu zeigen, dass hier kein weiteres Material vorhanden ist und das Ende des Clips erreicht ist.

Vorsicht bei verbundenen Clips!

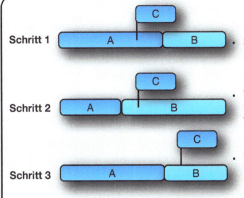

Schritt 1 — Sie haben einen Clip A, gefolgt von Clip B, Clip A hat Clip C angehängt, der immer mit Clip A synchronisiert bleibt, egal, wohin Clip A geschoben wird

Schritt 2 — Wenn Clip A verkürzt wird, verlängert sich Clip B (Schnittmarke verschieben). Clip C hat die Verbindung zu Clip A verloren und heftet sich jetzt an Clip B, um mit der Timeline synchron zu bleiben.

Schritt 3 — Wenn jetzt Clip A wieder verlängert wird, bleibt Clip C mit Clip B verbunden und bewegt sich mit diesem.

Wenn Sie diese drei Schritte gemacht haben, um ihren Film zu editieren, und Sie haben nicht aufgepasst, dann haben Sie Clip C aus seiner ursprünglichen Position gebracht und somit ist eventuell die Synchronität verloren gegangen. Wenn Clip C ein Toneffekt oder passende Musik ist, dann ... sind Sie in Schwierigkeiten.

Trimmen der Clips

Wie funktionieren die unterschiedlichen Trimm-Techniken? Es gibt so viele verschiedene Weg um das Gleiche zu erreichen, dass es überwältigend scheint. Hier eine Auswahl:

- **Maus**: Gehen Sie an die Kanten des Clips, den Sie mit der Maus und dem entsprechenden Werkzeug trimmen wollen.
- **SMPTE-Timecode**: Geben Sie den präzisen Timecode ein, um den Clip zu trimmen.
- **Shortcuts**: Benutzen Sie Shortcuts mit vordefinierten Timecode-Werten.
- **Playhead/Bereich/Dauer:** Verwenden Sie den Playhead oder einen ausgewählten Bereich für die Trimm-Position, oder geben Sie eine Clipdauer ein.
- **Trennen:** Schneiden Sie einen bestehenden Clip an einem bestimmten Punkt.

Also, wie viele Methoden sind sinnvoll, und welche eignet sich am Besten? Viel wichtiger ist, was für unterschiedliche Auswirkungen oder Beschränkungen haben Sie?

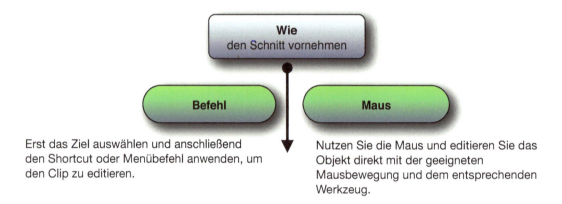

Befehl

Erst das Ziel auswählen und anschließend den Shortcut oder Menübefehl anwenden, um den Clip zu editieren.

Maus

Nutzen Sie die Maus und editieren Sie das Objekt direkt mit der geeigneten Mausbewegung und dem entsprechenden Werkzeug.

▶ **Befehle verwenden**

Wenn ein Befehl (Shortcut oder Menübefehl) benutzt wird, müssen Sie darauf achten, welches Objekt das Ziel Ihrer Aktion ist. Meist hängt es davon ab, was ausgewählt ist. Es klingt einfach, aber achten Sie darauf, denn der gleiche Befehl kann sehr unterschiedliche Auswirkungen haben, je nach ausgewähltem Element.

1. **Nichts** ist ausgewählt
2. **Clip** ist ausgewählt
3. **Bereich** ist ausgewählt
4. **Edit Point** ist ausgewählt

1) Nichts ist ausgewählt

In diesem Fall entscheidet nur die Position des Playheads oder Skimmers das aktuelle Trimming.

- **Start trimmen**: Der oberste Videoclip in der Timeline am Playhead/Skimmer verschiebt seinen linken Rand an die Playhead/Skimmer-Position. Gaps werden geschlossen. Shortcut **opt+[** oder Menübefehl *Bearbeiten > Start trimmen*
- **Ende trimmen**: Der oberste Videoclip in der Timeline am Playhead/Skimmer verschiebt seinen rechten Rand an die Playhead/Skimmer-Position. Gaps werden geschlossen. Shortcut **opt+]** oder Menübefehl *Bearbeiten > Ende trimmen*
- **Schneiden**: Der Clip in der primären Handlung wird an der Position des Playhead/Skimmer geteilt. Zeitlich ist keine Veränderung in der Timeline. Shortcut **cmd+B** oder Menübefehl *Bearbeiten > Schneiden*

2) Ein Clip ist ausgewählt

In diesem Fall ist nur der ausgewählte Clip betroffen:

- **Dauer**: Die Dauer eines Clips zu verändern funktioniert entsprechend dem Trimmen am Ende eines Clips. Hier gibt es vier Wege. **Doppel-Klick** auf das Timecode-Fenster, um den absoluten Wert einzugeben, den Kontextmenü-Befehl mit **ctr+Klick** auf dem Clip anwenden, den Shortcut **ctr+D** oder den Menü-Befehl *Ändern > Dauer ändern...*

- **Bewegen mit Tasten-Kombinationen:** Hierbei wird der ausgewählte Clip durch einen der Tastenkombination entsprechenden Wert nach links oder rechts verschoben. Vorsicht, hierbei werden Clips, die im Weg liegen, überschrieben und Gaps können entstehen. Verbundene Clips werden hierbei mitgenommen.

  - Ein Frame nach links oder rechts mit **,** und **.** (Die Tasten mit der < und > Funktion)
  - Zehn Frames nach links oder rechts mit den Tastenkombinationen **sh+,** und **sh+.**
  - Ein Subframe (1/80 Frame) nach links oder rechts mit **alt+,** und **alt+.**

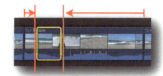

- **Bewegen mit numerischem Wert:** Wenn ein Clip ausgewählt ist und Sie drücken die **+** oder **-** Taste, verändert sich die Timecode-Anzeige so, dass Sie Werte eingeben können. Obwohl die kleine Grafik neben der Anzeige jetzt wie ein „Verschieben"-Symbol aussieht, entspricht der Befehl NICHT dem Verschieben-Befehl. Auch hier ist der „riskante Weg" des Editing: Jeder Clip, der im Weg liegt, wird überschrieben und Lücken können entstehen.

- **Entfernen:** Der ausgewählte Clip wird entfernt und die Lücke wird von den nachfolgenden Clips geschlossen. Vorsicht, wenn Sie einen Clip aus der primären Storyline löschen, werden auch alle mit ihm verbundenen Clips entfernt.

3) Ein Bereich ist ausgewählt

In diesem Fall wird die Bereichsauswahl als Anhaltspunkt für das Trimmen genutzt. Die Auswahl wird als zwei Playheads interpretiert, einen für den Anfang und einen für das Ende des Clips

- **Zur Auswahl trimmen**: Benutzen Sie den Menübefehl *Bearbeiten > Auf Auswahl trimmen* oder den Shortcut **alt+#** (Sie können ebenfalls **+** und **-** Taste verwenden, um die Dauer des Bereichs zu ändern)

4) Edit-Points sind ausgewählt

Hier wählen Sie erst einen bestimmten Edit-Point mit dem Trimmen-Werkzeug und tippen anschließend den Timecode in die Timecode-Anzeige, zu dem Sie den Edit-Point verschieben wollen.

Diese Methode eignet sich für präzises Trimming.

1. Sie klicken mit dem Trimmen-Werkzeug in den Bereich, um einen gelben Auswahlrahmen zu bekommen. Hiermit definieren Sie, welche Trimm-Technik auf welchen Clip angewendet werden soll.

2. Geben Sie den gewünschten numerischen Wert für das Trimmen auf der Tastatur ein. Die Zahlen werden einschließlich der grafischen Darstellung für den Trimm-Modus in der Timecode-Anzeige sichtbar.

Klicken Sie **+** oder **-** wenn Sie nach links oder rechts bewegen wollen. „23" bedeutet 23 Frames, „213" bedeutet 2 Sekunden und 13 Frames. Benutzen Sie den Punkt anstatt der letzten zwei Nullen (1. entspricht 1 Sekunde, 00 Frames. Mit **esc** lässt sich der Vorgang abbrechen.

Die Nummerneingabe hat ihre eigene Intelligenz: Wenn Sie z.B mit einer Framerate von 25 Bildern pro Sekunde arbeiten und Sie tippen den Wert 30 ein wird daraus 1 Sekunde, 5 Frames.

* Denken Sie daran, dass, wenn ein Clip statt eines Edit-Points ausgewählt ist, der Clip mit **+** und **-** verschoben wird.

Erweitertes Editing ist ein zusätzlicher Befehl, das den ausgewählten Edit-Point (die gelbe Klammer) zur Position des Playhead/Skimmer bewegt. Benutzen Sie den Befehl *Bearbeiten > Schnittmarke neu positionieren* oder den Shortcut **sh+X**.

▶ **Mit der Maus arbeiten**

Das Trimmen mit Befehlen erlaubt ein sehr genaues Editing, aber es verlangt einen Prozess mit zwei Schritten - Auswählen des Clips und Anwenden des Befehls. Auf der anderen Seite ist das Trimmen mit der Maus direkter und intuitiver, da Sie Ihre Bearbeitung mit Fingerspitzengefühl ausführen können. Der Maus-Cursor in FCP X ist jetzt deutlich flexibler, da die Funktion (und das Aussehen) abhängig davon ist, worüber er bewegt wird (er ist sich seiner Position bewusst). Das Umschalten der Funktion des Werkzeuges wird deutlich seltener verlangt. Ebenfalls können Sie kurzzeitig zwischen den Werkzeugen wechseln, indem Sie die Taste gedrückt halten, die sie normalerweise benötigen, um permanent zu dem Werkzeug zu wechseln. Nachdem die Aktion abgeschlossen ist, lassen Sie die Taste einfach wieder los. Das Wichtigste ist, dass Sie immer darauf achten, welches Werkzeug Sie aktuell verwenden.

Edit Points

Trimmen-Werkzeug (Auswahl-Werkzeug)

Das Trimmen-Werkzeug unterstützt alle Trimming-Funktionen, aber auch mit dem Auswahl-Werkzeug können grundlegende Schnitt-Funktionen ausgeführt werden, ohne dass das Werkzeug gewechselt werden muss.

- **Schnittmarke verschieben:** Klicken Sie nahe der Grenze eines Clips mit dem Trimmen-Werkzeug **T**. Das funktioniert auch mit dem Auswahl-Werkzeug **A**, es ist also nicht nötig, das Werkzeug hierfür zu wechseln.

- **Länge ändern:** Klicken Sie zwischen zwei benachbarte Clips mit dem Trimmen-Werkzeug **T**.

- **Clipinhalt verschieben:** Ziehen Sie den Bereich mit dem Trimmen-Werkzeug **T** nach links oder rechts.

- **Clip verschieben**: Alt+ziehen der Region nach links oder rechts mit dem Trimmen-Werkzeug **T**.

Der Cursor wechselt automatisch zu einem der verschiedenen Symbole wenn er über bestimmte Bereiche des Clips gezogen wird, um den jeweiligen Trimm-Modus anzuzeigen.

| Länge ändern links | Länge ändern rechts | Schnittmarke verschieben | Clipinhalt verschieben | Clip verschieben |

Positions-Werkzeug

Dies ist der Bearbeiten-Modus, wo FCP X nicht versucht, Lücken zu schließen oder Clips aus dem Weg zu räumen, um Platz für einen eingefügten oder erweiterten Clip zu schaffen (die „Magnetic Timeline" ist ausgeschaltet). Wenn das Positions-Werkzeug ausgewählt ist, führt jede Aktion (bewegen, trimmen etc.) dazu, dass existierende Clips überschrieben werden oder Gap-Clips für die Lücken erstellt werden. Manchmal ist es notwendig, dass die Clips an einer bestimmten Stelle in der Timeline liegen, ohne dass sie durch das Einfügen neuer Clips in ihrer Position verschoben werden. Die Clips bleiben auf ihrem Platz.

Auch hier wechselt der Cursor automatisch zu einem der verschiedenen Symbole, wenn er über bestimmte Bereiche des Clips gezogen wird, um den jeweiligen Trimm-Modus anzuzeigen.

| Der Cursor bewegt sich über das linke Ende des Clips (erster Frame) | Der Cursor bewegt sich über das linke oder rechte Ende eines Clips, der noch Material zum Erweitern hat. | Der Cursor bewegt sich über das rechte Ende des Clips (letzter Frame) |

Geteilte Clips

Schneiden-Werkzeug

Dieser Trimmen-Befehl erlaubt es Ihnen, einen ausgewählten Clip in zwei Teil zu zerschneiden. Das Werkzeug hat einen eingebauten Skimmer, damit Sie im Viewer und im Timecode-Anzeiger sehen können, wo Sie den Clip teilen. Wenn die Klinge über einen Clip bewegt wird, ist sie schwarz (aktiv). Wenn sie über einen anderen Bereich in der Timeline geführt wird, ist sie rot (inaktiv).

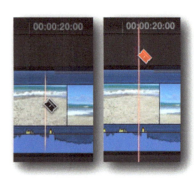

- **Schneiden:** Klicken Sie mit diesem Werkzeug irgendwo auf einen Clip, wird er an dieser Position zerteilt. Das funktioniert auf jedem Clip, bei der primären Storyline und bei verbundenen Clips.

Clips bewegen

Neben dem Trimmen von Clips in ihrer Position können diese natürlich auch verschoben werden.

Der komfortable Weg

- **Clips mit dem Auswahl-Werkzeug bewegen**: **Ziehen** der Auswahl über vorhandene Clips und verschieben mit gedrückter Maustaste. Alle entstehenden Lücken werden geschlossen bzw. vorhandene Clips gehen aus dem Weg.

- **Kopieren von Clips mit dem Auswahl-Werkzeug**: **alt+ziehen** des ausgewählten Clips. Gleiche Verhaltensweise wie beim Bewegen.

Der riskante Weg

- **Clips mit dem Positions-Werkzeug bewegen**: **Ziehen** der Auswahl zu irgendeiner Position in der Timeline. Alle vorhandenen Clips behalten ihre Position, werden aber eventuell überschrieben. Wenn notwendig, werden Gap-Clips erstellt, um Lücken aufzufüllen.

- **Kopieren von Clips mit dem Positions-Werkzeug**: **alt+ziehen** der ausgewählten Clips. Da in diesem Fall die Clips nicht frei platzierbar sind, funktioniert es genauso wie das Kopieren mit dem Auswahl-Werkzeug.

Was geschieht mit verbundenen Clips?

Das Bewegen von Clips ist deutlich komplexer, wenn es dabei um verbundene Clips, zusätzliche Handlungen, zusammengesetzte Clips etc. geht. Mehr davon in meinem nächsten Buch. Hier ein paar Regeln für den Anfang:

- **Bewegen von verbundenen Clips:** Der große Vorteil von verbundenen Clips ist, dass sie mit dem Clip in der primären Handlung fest verbunden sind und wenn jetzt dieser Clip bewegt wird, werden alle verbundenen Clips synchron mitbewegt. Immer, wenn Sie einen Clip kopieren, werden nur die Clips in der primären Storyline berücksichtigt, nicht aber die verbundenen Clips. Hierfür kann man den guten alten Copy+Paste-Befehl verwenden. Er kopiert an die aktuelle Position des Playheads.

- **Aufsteigen:** Dies ist nicht der offizielle Name des Befehls, beschreibt aber seine Aktion gut. Sie bewegen einen Clip von der primären Handlung hoch, um einen verbundenen Clip zu erhalten. Aber wenn Sie den Clip hochbewegen, dann ist da kein Clip mehr, mit dem er sich verbinden kann, es sei denn, dass FCP X einen Gap-Clip generiert, mit dem sich der Clip verbindet. Dies ist ein perfektes Beispiel dafür, dass es hilfreich ist, wenn Gap-Clips vorliegen und nicht einfach nur Lücken. Sie **ziehen** den Clip nach oben, oder Sie benutzen den Befehl **sh+ziehen** um den Versatz in der vertikalen Position zu vermeiden. Die offizielle Bezeichnung ist *"Von primärer Handlung extrahieren"*

- **Herunterziehen:** Das gleiche Konzept mit einem unterschiedlichen Ergebnis. Der Befehl lautet *"Mit primärer Handlung überschreiben"* und es bewegt die Clips hinunter in die primäre Handlung. Dabei wird nur das Video überschrieben, der Ton wird zusammengefasst. Die Audio-Spur wird erweitert und liegt als separate Audiospur vor.

Fortgeschrittenes Editing

Hier ist eine Liste von weiteren Editing-Möglichkeiten, die ich in meinem Manual „Final Cut Pro X - Die Details" genauer beschreiben werde:

- **Deaktivieren:** Stummschalten oder unsichtbar machen (Video und Audio)

- **Solo:** Schaltet alle Audiospuren auf stumm außer die als Solo aktivierte.

- **Erweitern/Zusammenführen von Audio:** Zeigt den Video- und Audiopart eines Clips getrennt, damit es individuell bearbeitet werden kann.

- **Audio erweitern:** Teilt den Audio-Part in einzelne Clips. Kann nicht rückgängig gemacht werden außer mit *Bearbeiten > Widerrufen.*

- **Verbundene Clips:** Gruppieren Sie verbundene Clips. (Heben Sie die Gruppierung wieder auf mit dem "Clipobjekte teilen"-Befehl)

- **Handlung erstellen:** Gruppieren Sie verbundene Clips und erhalten Sie dabei ähnliche Editing-Funktionen wie in der primären Handlung. (Heben Sie die Gruppierung wieder auf mit dem "Clipobjekte teilen"-Befehl)

- **Hörprobe hinzufügen:** Mächtiges neues Werkzeug, um alternative Clips (Audio und Video) innerhalb eines Clips zu haben.

- **Präzisions-Editor:** **Doppel-Klick** auf den Schnittpunkt öffnet den Präzisions-Editor, drücken Sie **Enter** um diesen wieder zu verlassen. Es ist ein toller Editor, um den gerade stattfindenden Schnitt sichtbar zu machen.

Effekte zu einem Clip hinzufügen

Das Thema „Eigenschaften von Clips" habe ich schon zuvor behandelt, aber im Zusammenhang mit dem Bearbeiten in der Timeline ist es sehr wichtig, zu verstehen, welcher Arbeitsschritt was auf welcher Ebene berührt. Hier ist nochmals das grundlegende Konzept in einer differenzierten Grafik.

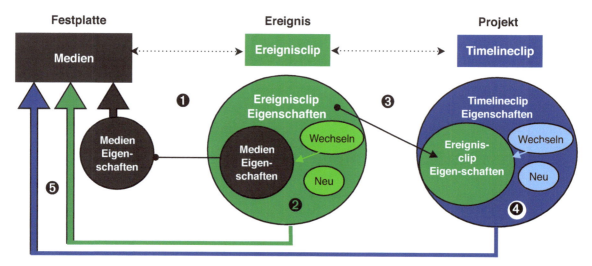

1. Sie importieren eine Medien-Datei in ein Ereignis. Im Ereignis wird ein Ereignisclip erstellt, der mit der Original-Mediendatei verbunden ist. Der Ereignisclip enthält die Einstellungen der Mediendatei. Es ist wie eine einmalige Verknüpfung.

2. Die Ereignisclip-Eigenschaften können nun im Inspektor bearbeitet werden. Die übernommenen Eigenschaften können geändert oder neue hinzugefügt werden.

3. Nun wird der Ereignisclip in die Projekt-Timeline gezogen. Hier wird ein Timelineclip erstellt, der mit dem Ereignisclip verlinkt ist. Der Timelineclip übernimmt die Eigenschaften des Ereignisclips. Zu den Eigenschaften gehört die Information, wo die ursprüngliche Mediendatei (Quellmaterial) auf der Festplatte abgelegt ist. Auch hier wird eine weitere Verknüpfung gelegt.

4. Die Timelineclip-Eigenschaften können nun im Inspektor bearbeitet werden. Die Änderungen betreffen jetzt nur den Timelineclip. Jeder in der Timeline vorhandene Clip trägt seine eigenen Eigenschaften, die bearbeitet werden können. Jedes Mal, wenn Sie einen Ereignisclip aus dem Ereignis-Browser in die Projekt-Timeline ziehen oder ihn hineinkopieren, wird ein neuer Timelineclip erstellt. Jeder dieser Timelineclips hat seine persönlichen Eigenschaften, die im Inspektor individuell bearbeitet werden können.

5. Wenn Sie die Original-Mediendatei mit der Schnellansicht im Finder anzeigen, werden ihre eigenen Wiedergabeeigenschaften angewendet. Wenn der Ereignisclip abgespielt wird, werden alle seine Wiedergabe-Einstellungen, die im Inspektor abgelegt sind, berücksichtigt. Wenn der Timelineclip abgespielt wird, werden dessen Eigenschaften berücksichtigt (wie z.B. Farbanpassung, Komprimierung oder Hall in der Tonaufnahme). Natürlich sind all diese Einstellungen nicht destruktiv, was bedeutet, dass die Original-Mediendatei nicht verändert wird.

Das Bearbeiten der Einstellungen des Ereignis- oder Timelineclips ist unmittelbar. Sie müssen den Inspektor mit **cmd+4** öffnen und den Clip auswählen. Der Inspektor zeigt die Informationen des Clips, den Sie gewählt haben und Sie können nun alle möglichen Veränderungen daran vornehmen.

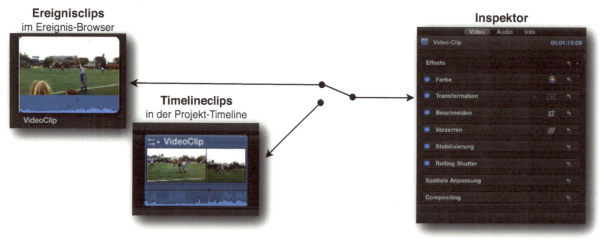

Das Konzept, das hinter dem Anwenden von Wiedergabe-Parametern steht, ist sehr einfach: Jeder Clip hat seine eigene Eigenschaften-Liste (wie eine Art DNA). Diese beinhaltet:

- **Info:** Grundlegende Informationen über den Clip, seine gesamte Identität.
- **Video + Audio**: Wiedergabe-Parameter, die Instruktionen enthalten, wie der Video- oder Audio-Part abgespielt werden sollen. Diese Einstellungen verändern die Original-Medien auf der Festplatte nicht (siehe vorhergehendes Diagramm). Diese Wiedergabe-Instruktionen sind im Inspektor in Modulen gruppiert.

Es gibt zwei Arten von Modulen:

- **Standard-Module**: Diese Module sind immer in der Eigenschaften-Liste und können nicht entfernt werden (nur umgangen)
- **Effekt-Module**: Diese Module gibt es für die Timelineclips, aber nicht für die Ereignisclips. Die Effekte können dem Timelineclip aus dem Audio- und Video-Effekt-Fenster (öffnen mit cmd+5) hinzugefügt werden (ziehen oder Doppelklick).

Benutzeroberfläche der Module

Hier sehen Sie die Eigenschaften-Liste der Standard-Module im Video- und Audio-Bereich. Beachten Sie, dass Timelineclips ein paar mehr Module und Effekt-Module haben. Das Effekt-Modul ist ein Darstellungsbereich, der alle angewendeten Effekte hier gruppiert. Es funktioniert wie ein Regal für Effekte, wo diese in ihrer Reihenfolge geändert werden können. Jeder Effekt hat spezielle Parameter, die man einstellen kann.

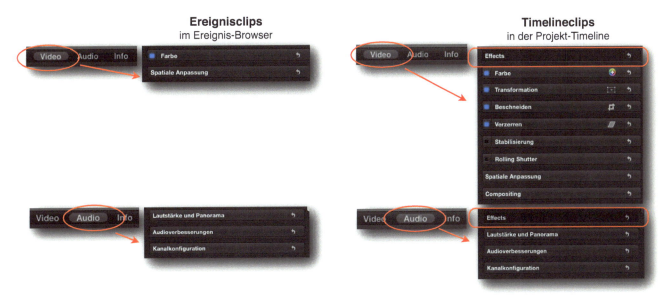

SMPTE Reader / Timecode-Fenster

Das Audiometer zeigt zwei oder sechs Spuren, abhängig von den Projekteinstellungen.

Die Hintergrund-Renderanzeige zeigt in prozentualen Werten an, wieviel des aktuellen Hintergrund-Renderns erledigt ist.

Klicken Sie hier, um das große Audiometer rechts an der Timeline zu öffnen oder zu schließen.

Klicken Sie, um das Fenster „Hintergrundaktionen" ein- und auszuschalten.

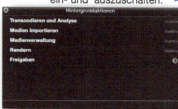

Das SMPTE-Fenster zeigt meistens die aktuelle Position des Playhead/Skimmer und korrespondiert mit dem Viewer-Fenster (Ereignisclip oder Projekt-Timeline).
Es ist auch ein Bereich, in dem verschiedene Bearbeitungsmethoden und Timecodes angezeigt werden.

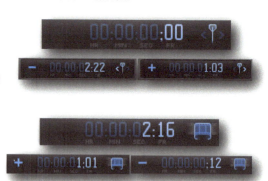

Grauer SMPTE (Timecode):

- Zeigt die Position des Playhead oder Skimmer.

- Zeigt die Startposition eines verbundenen Clips (nicht der primären Handlung) während des Verschiebens.

Numerische Eingabe:

Das Timecodefenster kann auch für die numerische Eingabe eines positiven oder negativen Wertes genutzt werden. Als Trennung zwischen Stunden . Minuten . Frames können Sie den Punkt verwenden und die esc-Taste zum Abbrechen der Eingabe.
Es gibt zwei Wege. Entweder Sie klicken auf das Timecodefenster oder sie drücken die + oder - Tasten:

- Klicken auf das Timecodefenster:

  - **Einmal klicken** auf die Anzeige oder drücken der Tasten **ctr+P** für den Playhead-   bewegen-Befehl: Hiermit wird das Timecodefenster zurückgesetzt und zeigt einen blauen Playhead anstatt des Audiometers. Nun geben Sie per Tastatur + oder - ein und der Playhead bewegt sich entsprechend der Eingabe nach links oder rechts.

  - **Zweimal klicken** auf das Timecodefenster ändert die Dauer des ausgewählten Clips. Denken Sie daran, dass der zweite Klick nur funktioniert, wenn ein Clip ausgewählt ist: Die Anzeige zeigt die Dauer des Clips. Geben Sie nun + oder - ein, und der Clip ändert seine Dauer entsprechend.

- Press + or -

    Nichts ist ausgewählt: Der eingegebene Wert bewegt den Playhead

    Clip ist ausgewählt: Der eingegebene Wert bewegt den ausgewählten Clip

    Edit-Point ist ausgewählt: Der eingegebene Wert bewegt den ausgewählten Edit-Point.

Transport

Bewegt den Playhead einen Frame

Abspielen - Pause

Bewegt den Playhead zum nächsten Edit Point

Wechselt zum Vollbild-Modus Startet das Abspielen sofort MIt esc schließen

Ereignisclip oder Timeline im Loop abspielen an/aus

Die Transport-Tasten im Viewer beziehen sich entweder auf den Ereignis-Browser oder die Timeline, je nachdem, was gerade ausgewählt ist. In der linken oberen Ecke des Viewers sieht man, womit der Viewer gerade „gefüttert" ist.

Die Standard- "J K L" Tastenbefehle funktionieren: **J** spielt rückwärts **K** stoppt, **L** spielt vorwärts. (mehrmals drücken, um die Geschwindigkeit zu erhöhen)

Die Navigations-Kontrolle kann ebenso über den Menübefehl *Darstellung > Wiedergabe* oder mit Tastaturbefehlen aufgerufen werden. Die Pre- und Post-Roll Dauer für den "Umgebung abspielen"-Befehl wird in den Einstellungen > Wiedergabe gesetzt.

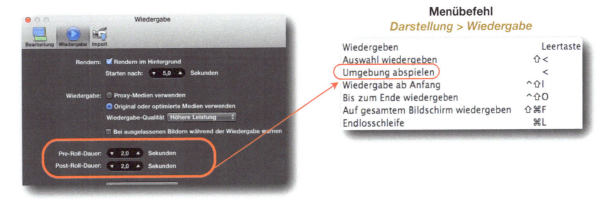

Menübefehl
Darstellung > Wiedergabe

Wiedergeben	Leertaste
Auswahl wiedergeben	⇧<
Umgebung abspielen	<
Wiedergabe ab Anfang	^⇧I
Bis zum Ende wiedergeben	^⇧O
Auf gesamtem Bildschirm wiedergeben	⇧⌘F
Endlosschleife	⌘L

Zoomen in der Timeline

Wenn bis zum Anschlag gezoomt ist, zeigt der Playhead einen grauen Bereich in der Zeitleiste der Timeline um den Bereich eines Frames zu markieren. Auch der Skimmer hat diesen „Ein-Frame-Schatten".

- Zoomen, um den Inhalt an das jeweilige Fenster anzupassen: **sh+Z**
- Zoombefehl: **cmd+Plus, cmd+Minus** Der Playhead oder der Skimmer (hat Priorität) bleibt während des Zoomens im Bild.
- Zoom-Werkzeug: **Klicken-ziehen** um den Zoombereich auszuwählen oder in die Timeline **klicken** um Schritt für Schritt heran zu zoomen bzw. **alt+click** in die andere Richtung.
- Zoom-Regler: Bewegen Sie den Regler in die Richtung einer Lupe. Mit dem Schalter können Sie die Höhe der Clips in der Clipdarstellung ändern.

Zoom-Regler

Navigation

Playhead

Das ist der weiße Strich, der in der Timeline im Projekt oder über den Ereignisclip im Ereignis-Browser gleitet. Er zeigt die Position an, wo das Abspielen startet, wenn der Abspielknopf gedrückt wird bzw. während des Abspielens die aktuelle Position.

- **Ziehen** Sie den Playhead über den oberen Steifen der Timeline. Wenn der Skimmer ausgeschaltet ist, wird nur der Video-Part aber nicht der Ton überflogen.

- **Klicken** auf den oberen Streifen der Timeline zwingt den Playhead, an diese Stelle zu springen. (Funktioniert mit jedem Werkzeug)

- **Irgendwo in die Timeline klicken** platziert den Playhead ebenso, hat aber ein paar Nebeneffekte: Wenn Sie auf einen Clip klicken, heben Sie jede andere Clipauswahl auf. **alt+Klick** gibt die Möglichkeit, einen Clip zu selektieren, ohne dass der Playhead dort hinspringt.

- Die Tastatur-Befehle **+** oder **-** ändern die Anzeige im Timecodefenster so, dass Sie einen numerischen Wert für die Position des Playheads eingeben können (oder **klicken** Sie auf das Timecodefenster). Bevor Sie

+ oder - eingeben, stellen Sie sicher, dass kein Clip ausgewählt ist, denn dann würde der Clip und nicht der Playhead bewegt werden. Drücken von **ctr+P** aktiviert ebenso die Eingabe-Methode.

Skimmer

Wenn er aktiviert ist (shortcut **S**), wird ein roter Strich an der Cursor-Position sichtbar. Video und Audio werden überflogen, wenn Sie den Skimmer mit der Maus bewegen. Die Tonspuren können mit **sh+S** ausgeschaltet werden.

- Beim Bewegen des Skimmers wird die Projekt-Timeline, der Filmstreifen in der Projekt-Mediathek oder ein Clip im Ereignis-Browser überflogen.

- Der Ereignis-Browser kann ein Skimmer-Infofenster zum Anzeigen von Schlagwörtern, Markern und Zeit-Informationen anzeigen.(*Darstellung > Skimmer-Informationen einblenden*)

- Klicken während des Skimmer-Modus bewegt den Playhead zu dieser Klickposition.

- Abspielen (Shortcut **Leertaste**) wenn der Skimmer sichtbar ist, bewegt den Playhead an diese Position und spielt ab

Shortcuts

- Gehe zum **Anfang** der Timeline: Shortcut **Anfang** (schräger Pfeil nach links oben) oder Menübefehl *Markieren > Gehe zu > Anfang*

- Gehe zum **Ende** der Timeline: Shortcut **Ende** (schräger Pfeil nach rechts unten) oder Menübefehl *Markieren > Gehe zu > Ende*

- Gehe zur nächsten **Clip Grenze**: Shortcut **Pfeil nach oben** und **Pfeil nach unten** oder Menübefehl **;** and **'** (wie Viewer-Tasten)

- Gehe zum nächsten **Frame**: Shortcut **Pfeil nach links** und **Pfeil nach rechts** (wie Viewer-Tasten)

- Gehe zum nächsten **Subframe:** Shortcut **cmd+ Pfeil nach links** und **Pfeil nach rechts**

- Gehe zum nächsten **Marker**: Shortcut **ctr+;** und **ctr+'**

Alle Befehle finden Sie auch im *Markieren*-Menu.

Timeline Index

Ein neues mächtiges Navigationswerkzeug ist der Index der Projekt-Timeline. Öffnen Sie ihn mit seiner Taste oder **sh+cmd+2.**

Dieses Fenster zeigt eine chronologische Liste aller Clips (Clips-Tab) oder aller Markierungen und Aufgaben (Attribute-Tab), die in der Timeline genutzt wurden. Man findet Filter-Tasten am unteren Rand des Fensters um die aufgelisteten Begriffe einzugrenzen und eine Suchfunktion, um nach bestimmten Clips oder Eigenschaften zu suchen.

- Ein weißer horizontaler Playhead bewegt sich in Verbindung mit der Position des vertikalen Playheads der Timeline.

- Wenn ein Element in dieser Liste ausgewählt wird, bewegt sich der Playhead in der Timeline und wählt den Clip oder seinen Bereich mit einem grauen Rahmen aus.

Mehr Informationen über den Timeline-Index und den Funktionen Tab finden Sie in meinem nächsten Manual „Final Cut X - Die Details".

Fazit

Hiermit schließe ich mein Manual „Final Cut X - So funktioniert´s". Ich hoffe, Ihnen dabei geholfen zu haben, das neue Konzept dieses Programms ein wenig besser zu verstehen. Im nächsten Manual *„Final Cut X - Die Details"* möchte ich tiefer in verschiedene Themen eintauchen und erweiterte Funktionen erklären.

Weitere "Graphically Enhanced Manuals" finden Sie auf meiner Website: www.DingDingMusic.com/Manuals

Alle Titel sind als PDF-Downloads auf meiner Website und als Bücher bei Amazon.com erhältlich.

Manche Titel sind ebenso als Multi-Touch-eBooks in Apple's iBookstore erhältlich.

(Sprachen: Deutsch und Englisch).

Falls Sie meine visuelle Art des Erklärens von Konzepten hilfreich finden, können Sie gerne meine Bücher weiterempfehlen oder eine kurze Kritik bei Amazon auf meiner Buchseite hinterlassen. Dies hilft mir, diese Serie in Zukunft fortzusetzen.

Einen ganz besonderen Dank an meine wundervolle Frau Li für ihre Liebe und ihr Verständnis während der vielen Stunden, die ich an diesem Buch gearbeitet habe. Und nicht zu vergessen an mein Sohn Winston - als ich auf ihn während seines Fussball-Trainings wartete, konnte ich noch an ein paar Kapiteln arbeiten.

Informationen über meine Arbeit als Komponist und Links zu meinen Social Network Sites finden Sie unter:
www.DingDingMusic.com

Hören Sie sich meine Musik auch hier an: www.soundcloud.com/edgar_rothermich

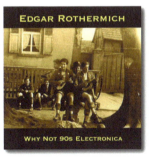

Wenn Sie mich direkt kontaktieren wollen, schicken Sie mir eine E-Mail an: GEM@DingDingMusic.com

Danke für Ihr Interesse und Ihre Unterstützung,

Edgar Rothermich